아버지의 약속,
아들의 유언

Father's Promise and Son's Will

저자 **김영관**
Author **Kim Young-Kwan**

역자 **문정일**
Translator **Moon Jeong-il**

머리말

"하나님은 사랑이시라"(요한일서 4:16). "하나님이 이르시되 우리의 형상을 따라 우리의 모양대로 우리가 사람을 만들고 그들로 바다의 물고기와 하늘의 새와 가축과 온 땅과 땅에 기는 모든 것을 다스리게 하자 하시고 하나님이 자기 형상 곧 하나님의 형상대로 사람을 창조하시되 남자와 여자를 창조하시고 하나님이 그들에게 복을 주시며 하나님이 그들에게 이르시되 생육하고 번성하여 땅에 충만하라, 땅을 정복하라, 바다의 물고기와 하늘의 새와 땅에 움직이는 모든 생물을 다스리라 하시니라"(창세기 1:26-28).

인간은 하나님의 형상과 모양대로 지음 받은 피조물입니다. 하나님과 우리는 영과 생명의 관계로 맺어진 아버지와 자녀, 즉 가족입니다. 기독교는 종교가 아닙니다. 종교는 사탄이 만든 것입니다. 인간이 하나님의 품으로 돌아가지 못하게 파놓은 함정입니다. 인간이 마귀의 꼬임에 넘어가 창조주 하나님을 배신하고 하나님을 버리고 마귀의 종이 됨에 따라 우리 인간을 사랑하시는 하나님께서 우리를 마귀의 노예에서 해방하시고 자녀의 신분으로 되돌리려고 사랑하는 아들을 세상에 보내신 것입니다. "하나님이 세상을 이처럼 사랑

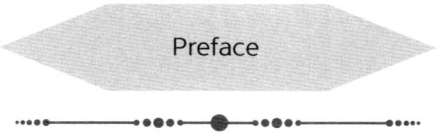

Preface

16 God is love. (1 John 4:16). 26 Then God said, "Let us make mankind in our image, in our likeness, so that they may rule over the fish in the sea and the birds in the sky, over the livestock and all the wild animals, and over all the creatures that move along the ground." 27 So God created mankind in his own image, in the image of God he created them; male and female he created them. 28 God blessed them and said to them, "Be fruitful and increase in number; fill the earth and subdue it. Rule over the fish in the sea and the birds in the sky and over every living creature that moves on the ground." (Genesis 1:26-28).

Human beings are created in the image and likeness of God, and God and we are family as father and children in the relationship of spirit and life. Christianity is not a religion. Religion is a product of Satan. It is a trap that has been dug to prevent man from returning to God's embrace. As human beings betrayed God the Creator and abandoned God and became servants of the devil, God loved us and sent His beloved Son into the world to free us from the slavery of the devil and restore us to

하사 독생자를 주셨으니 이는 그를 믿는 자마다 멸망하지 않고 영생을 얻게 하려 하심이라"(요한복음 3:16).

하나님은 만세전에 아들을 사람으로 보낼 것을 예정하시고 아들은 아버지의 말씀에 순종하여 성령으로 처녀의 자궁을 빌려 사람으로 태어나시어 하나님의 사랑을 나타내시고 보여주셨습니다. 예수님은 공생애 사역 직전에 성령님의 세례와 성령님의 충만으로 기름 부음을 받아 제사장, 선지자, 왕의 직임을 3년 6개월 동안 수행하셨습니다. 선지자로 하나님 말씀을 선포하시고, 만왕의 왕으로 각종 병과 약한 것을 고치시고 귀신을 쫓아내고 마귀의 일을 멸하셨습니다. 제사장으로 자신의 몸을 십자가에서 제물로 바쳐 인간의 죄를 대속하시고 성령님으로 부활하시고 승천하시며 아버지의 약속이자 예수님의 마지막 유언 명령인 성령님의 세례와 충만인 기름 부음을 받고 내 증인이 되라 명령하셨으니, 우리 그리스도인 모두는 이 명령에 순종하여 충성된 증인이 다 되시기를 소원합니다.

이 책을 쓰게 하신 하나님 아버지와 우리 주 예수께 영광과 존귀와 감사와 찬양을 세세히 영원히 올려드리며, 모든 그리스도인들에게 이 책을 바칩니다.

the status of His children. 16 For God so loved the world that he gave his one and only Son, that whoever believes in him shall not perish but have eternal life. (John 3:16).

God predestined His Son to be sent as a man before all ages, and the Son obeyed the Father's word and was born as a man by borrowing the womb of a virgin by the Holy Spirit, revealing and showing God's love. Jesus was anointed by the baptism of the Holy Spirit and filled with the Holy Spirit Just before His public ministry, Jesus was anointed by the baptism of the Holy Spirit and filled with the Holy Spirit, and performed the offices of priest, prophet, and king for three years and six months, proclaimed the word of God as a prophet, healed all kinds of diseases and infirmities as the King of kings, cast out demons, and destroyed the works of the devil. He offered His body as a priest on the cross as a treasure to atone for the sins of mankind, and was resurrected and ascended to heaven by the Holy Spirit, the promise of the Father and the last testamentary command of Jesus, and was anointed, the baptism and fullness of the Holy Spirit, and commanded us to be His witnesses.

Here I dedicate this book to all Christians with the hope that all of us Christians will obey this command and become His faithful witnesses.

추천의 글

그리스도 안에서 아들처럼 사랑하는 김영관(金榮寬) 선교사의 저서 《아버지의 약속, 아들의 유언》을 출간하는 뜻깊은 자리에 추천의 글을 쓰게 되어 기쁜 마음을 금할 수 없습니다.

20여 년 전, 충남 논산에 있는 요양원 '사랑의 집'에서 김 선교사를 만나 사제(師弟)와도 같은 친근한 사이로 지내왔습니다. 특히 근년에 이르러 김 선교사가 코로나에 감염되어 상태가 급성폐렴으로 악화되면서 사경을 헤매다가 하나님의 은혜로 기적과도 같이 기사회생(起死回生)한 사실을 알게 되어 그 내용을 〈한국장로신문〉의 문 장로의 고정 칼럼 '신앙산책'에 "하나님의 살아 계심의 증표"라는 제목으로 글을 쓰면서 우리 두 사람은 부자(父子)와도 같이 가까운 사이가 되었습니다.

김영관 선교사는 청년 신학생 시절이던 1986년부터 신구약성경을 통독하기 시작하여 지난 40년의 세월 동안 성경을 100여독을 하면서 성경에 대한 깊은 통찰력을 터득하게 되었으며, 특히 깊은 기도생활을 통하여 성령의 임재를 체험하면서 성경에 기록된 핵심적인

Letter of Recommendation

I feel very happy to write a "Letter of Recommendation" on this meaningful publication entitled, "Father's Promise and Son's Will" by Missionary Kim Young-kwan, whom I love like my own son in Christ.

About 20 year ago, I met Missionary Kim at the Nursing Home 'House of Love' in Nonsan, Chung-nam Province, and we became close almost like teacher and student. In particular, in recent years, Missionary Kim was infected with the coronavirus and his condition deteriorated into acute pneumonia, leading to his death. However, he was miraculously recovered by the grace of God. As I wrote an article titled "The Proof That God Is Alive" in my regular column entitled, 'Walk of Faith' in the Korea Elders' Newspaper, the two of us became as close as father and son.

Since 1986, when he was a young seminarian, he began to read the New and Old Testament. For the past 40 years, he has read the Bible more than 100 times, gaining deep insight into the Bible. He could experience the presence of the Holy Spirit through a

내용을 정리하고 싶은 간절한 마음이 떠올랐습니다. 여러 동료 목회자들과 중직자들의 권면이 있어 본 저서 《아버지의 약속, 아들의 유언》을 책으로 엮게 되었다고 합니다. 평소에 신앙적인 우정을 맺어온 외국인들에게도 읽을 기회를 제공하고자 저서의 영역(英譯)을 나에게 의뢰해 와서 영역을 담당하게 되었습니다.

본 저서의 내용을 요약하면 신앙의 연조(年條)가 오래된 분들도 다소 헷갈리기 쉬운 '성부-성자-성령, 삼위일체'에 대한 핵심적인 내용이 명료하게 정리되어 이 책을 통해서 믿는 이들의 오래된 숙제가 명쾌하게 해결되는 시원함을 느끼게 됩니다. 목회자는 물론, 전 신앙인들의 일독을 적극적으로 추천하는 바입니다. 본 저서가 모든 성도들의 믿음생활에 지침이 되며 신선한 도전과 은혜로운 영향력을 끼치게 되리라 믿어 의심치 않습니다. 본 저서 《아버지의 약속, 아들의 유언》이 많은 사람들에게 감동적으로 읽힐 것을 기대하며 거듭 축하와 아울러 추천의 글로 대신하고자 합니다.

2024년 10월
문정일 장로
대전성지장로교회 은퇴
목원대 영문과 명예교수

deep prayer life. He has had an earnest desire to organize the key contents recorded in the Bible occurred to him. He decided to compile this book, "Father's Promise and Son's Will," on the advice of his fellow pastors and important leaders of the church. In order to provide reading opportunities to foreigners, he asked me to translate his book into English, and I took charge of the translation.

The core contents of 'Father-Son-Holy Spirit, Trinity' are clearly organized, and through this book, I am sure, all readers will feel that their confusing concept of the Trinity clearly understood. I highly recommend reading this book not only to pastors but also to all believers. I have no doubt that this book will serve as a guide to the faith life of all believers and will provide fresh challenges and a gracious influence. I hope that this book, "Father's Promise and Son's Will" will be read by many people and I would like to conclude with my congratulations and recommendations.

October 2024

Elder Jeong-il Moon

Elder Emeritus of Daejeon Seongji Presbyterian Church

Professor Emeritus of Mokwon University (Dept of English)

감사의 글

이 책이 출간되기까지 늘 쉬지 않고 기도해 주시고 권면, 조언해 주신 믿음의 어머니, 손사라 원장님께 깊은 감사를 전해드립니다. 부족한 원고를 감수해 주시고 영문 번역과 함께 흔쾌히 기쁜 마음으로 추천의 글을 써주신 아버지와도 같은 문정일 장로님께 정중한 감사를 드립니다. 이 책을 출판해 주신 쿰란출판사 이형규 장로님과 관계자 여러 직원들에게 진심에서 우러나오는 감사를 전하고 싶습니다.

오늘의 제가 있도록 뒤에서 기도로 돕는 가족과 지인들에게 머리 숙여 깊은 감사를 드리며, 여기에서 고린도전서 15장 10절 말씀을 통해 심심한 사의를 전하고자 합니다. "내가 나 된 것은 하나님의 은혜로 된 것이니, 내가 한 것이 아니요 오직 나와 함께하신 하나님의 은혜로라." 사도 바울의 진실된 고백이 곧 저 자신의 고백이며 주님께서 이 모든 일을 하셨습니다. 모든 영광을 하나님께 돌려드립니다.

2024년 10월

김영관 선교사

Acknowledgements

I would like to express my deepest gratitude to Director Sarah Son, a mother of faith, for her constant prayers, encouragements, and advice until this book entitled, "Father's Promise, Son's Will" was published. I would like to express my sincere thanks to Elder Jeong-il Moon, a father to me in Christ. He supervised the shortcomings of the manuscript, translated this book into English, and willingly wrote a Letter of Recommendation. I would like to express my heartfelt thanks to Elder Hyeong-gyu Lee, CEO, and all the staff members of Qumran Publishing Co. for publishing this book.

I bow my head in deep gratitude to my family and friends who have prayed and helped me become what I am today. Here, I would like to express my deepest gratitude by borrowing the words from 1 Corinthians 15:10. "But by the grace of God I am what I am, and his grace to me was not without effect. No, I worked harder than all of them — yet not I, but the grace of God that was with me." Apostle Paul's sincere confession is also my own confession. The Lord did all this. I give all glory to God.

October 2024

Kim, Young-kwan

목차

머리말·2 / 추천의 글·6 / 감사의 글·10

1. 들어가는 말·14
2. 성경은 누구의 이야기인가?·16
3. 성경의 주제가 예수님입니다·18
4. 성부와 성자와 성령의 이름이 예수님입니다·22
5. 성령님은 인격이십니다·24
6. 성령님은 우리 안(마음)에 거하십니다·26
7. 성령님이 하시는 일·28
8. 구약의 신의 역사·34
9. 구약의 신의 역사는 모두가 외적인 역사로, 천사의 사역임을 말합니다·38
10. 예수님은 하나님의 아들로, 하나님 아버지는 사람으로 오신 인자이신 예수님 외에는 본 자가 없습니다·50
11. 바울이 전한 4가지 말씀에 대하여 예수님의 말씀으로 재조명·54
12. 삼위 하나님·70
13. 삼위 하나님은 가정에 접목하여 생각하면 이해가 쉽습니다·74
14. 구약은 천사가 하나님의 메신저로 사역했음을 입증해 줍니다·76
15. 예수님의 중생, 물세례(침례), 기름 부음(성령의 세례와 성령의 충만)·80
16. 기름 부음 받으면·92
17. 예수님이 육신으로 오셔서 하신 일·98
18. 예수님의 부활과 승천·100
19. 성령님을 보내주실 것을 약속하심·102
20. 성령님의 세례는 아버지의 약속이자 주님의 유언 명령·104
21. 성령님 세례와 충만의 기름 부으심으로 증인을 세우십니다·106
22. 은혜시대 성령님 사역·108
23. 3가지 성령님의 역사 구분·122
24. 성령님의 세례와 충만인 기름 부음을 받으려면?·136
25. 4종류의 사람·142

CONTENTS

Preface • 3 / Letter of Recommendation • 7 / Acknowledgements • 11

1. Introductory Words • 15
2. Whose story is the Bible about? • 17
3. The Theme of the Bible is Jesus • 19
4. The name of the Father, the Son, and the Holy Spirit is Jesus • 23
5. The Holy Spirit is a person • 25
6. The Holy Spirit dwells within us • 27
7. What the Holy Spirit Does • 29
8. The History of God in the Old Testament • 35
9. The work of God in the Old Testament is all external work and means the work of angels • 39
10. Jesus is the Son of God, and no one has seen God the Father except Jesus, the Son of Man who came in the from of a man • 51
11. Re-lighing Paul's four words through Jesus' Words • 55
12. The Triune God • 71
13. Triune God is easy to understand if you think of it as being grafted into the family • 75
14. The Old Testament testifies that angels worked as God's messengers • 77
15. The rebirth of Jesus, water baptism, anointing(baptism of the Holy Spirit and fullness of the Holy Spirit) 81
16. When anointed with oil • 93
17. What Jesus Did When He Came in the Flesh • 99
18. Jesus' Resurrection and Ascension • 101
19. He Promised to send the Holy Spirit • 103
20. The baptism of the Holy Spirit is the promise of the Father and the testamentary command of the Lord • 105
21. The baptism and fullness of the Holy Spirit establishes witnesses by the anointing • 107
22. The Work of the Holy Spirit in the Age of Grace • 109
23. Three types of the Holy Spirit's work • 123
24. How to receive the baptism and fullness of the Holy Spirit, the anointing? • 137
25. Four Types of People • 143

1. 들어가는 말

아버지의 약속이자 예수님이 부활 승천하시며 유언 명령하신 것에 대해 믿음의 사람은 반드시 지켜야 할 의무와 책임이 있습니다.

사도행전 1:4-5, 8 사도와 함께 모이사 그들에게 분부하여 이르시되 예루살렘을 떠나지 말고 내게서 들은 바 아버지께서 약속하신 것을 기다리라 요한은 물로 세례를 베풀었으나 너희는 몇 날이 못 되어 성령으로 세례를 받으리라 하셨느니라, 오직 성령이 너희에게 임하시면 너희가 권능을 받고 예루살렘과 온 유대와 사마리아와 땅 끝까지 이르러 내 증인이 되리라 하시니라

누가복음 24:46-49 또 이르시되 이같이 그리스도가 고난을 받고 제삼일에 죽은 자 가운데서 살아날 것과 또 그의 이름으로 죄 사함을 받게 하는 회개가 예루살렘에서 시작하여 모든 족속에게 전파될 것이 기록되었으니 너희는 이 모든 일의 증인이라 볼지어다 내가 내 아버지께서 약속하신 것을 너희에게 보내리니 너희는 위로부터 능력으로 입혀질 때까지 이 성에 머물라 하시니라

1. Introductory Words

The promise of the Father and the testament command of Jesus when He was resurrected and ascended to heaven are the duties and responsibilities that a person of faith must keep.

Acts 1:4–5, 8 4 On one occasion, while he was eating with them, he gave them this command: "Do not leave Jerusalem, but wait for the gift my Father promised, which you have heard me speak about. 5 For John baptized with water, but in a few days you will be baptized with the Holy Spirit." 8 But you will receive power when the Holy Spirit comes on you; and you will be my witnesses in Jerusalem, and in all Judea and Samaria, and to the ends of the earth."

Luke 24:46–49 46 He told them, "This is what is written: The Messiah will suffer and rise from the dead on the third day, 47 and repentance for the forgiveness of sins will be preached in his name to all nations, beginning at Jerusalem. 48 You are witnesses of these things. 49 I am going to send you what my Father has promised; but stay in the city until you have been clothed with power from on high."

2. 성경은 누구의 이야기인가?

누가복음 24:27, 44 이에 모세와 모든 선지자의 글로 시작하여 모든 성경에 쓴 바 자기에 관한 것을 자세히 설명하시니라, 또 이르시되 내가 너희와 함께 있을 때에 너희에게 말한 바 곧 모세의 율법과 선지자의 글과 시편에 나를 가리켜 기록된 모든 것이 이루어져야 하리라 한 말이 이것이라 하시고

요한복음 5:39 너희가 성경에서 영생을 얻는 줄 생각하고 성경을 연구하거니와 이 성경이 곧 내게 대하여 증언하는 것이니라

사도행전 13:29 성경에 그를 가리켜 기록한 말씀을 다 응하게 한 것이라 후에 나무에서 내려다가 무덤에 두었으나

모세의 율법과 선지서는 오실 예수님에 대하여 기록한 말씀이고, 4복음서는 오신 예수님에 대하여 기록한 말씀이며, 사도들이 쓴 서신서는 오신 예수님에 대하여 설명하고, 요한계시록은 다시 오실 예수님에 대하여 기록한 말씀입니다.

2. Whose story is the Bible about?

Luke 24:27, 44 ²⁷ And beginning with Moses and all the Prophets, he explained to them what was said in all the Scriptures concerning himself. ⁴⁴ He said to them. "This is what I told you while I was still with you: Everything must be fulfilled that is written about me in the Law of Moses, the Prophets and the Psalms."

John 5:39 You study the Scriptures diligently because you think that in them you have eternal life. These are the very Scriptures that testify about me,

Acts 13:29 When they had carried out all that was written about him, they took him down from the cross and laid him in a tomb.

The Law of Moses and the Prophets are written about Jesus to come, the four gospels are written about Jesus who has come, the epistles written by the apostles are written about Jesus who has come, and the book of Revelation is written about Jesus who is to come again.

3. 성경의 주제가 예수님입니다

우리가 오직 부르고 증거하고 찬양하고 높여야 할 이름은 성부와 성자와 성령의 이름이 담긴 예수님입니다.

빌립보서 2:9-11 이러므로 하나님이 그를 지극히 높여 모든 이름 위에 뛰어난 이름을 주사 하늘에 있는 자들과 땅에 있는 자들과 땅 아래에 있는 자들로 모든 무릎을 예수의 이름에 꿇게 하시고 모든 입으로 예수 그리스도를 주라 시인하여 하나님 아버지께 영광을 돌리게 하셨느니라

요한복음 5:43 나는 내 아버지의 이름으로 왔으매 너희가 영접하지 아니하나 만일 다른 사람이 자기 이름으로 오면 영접하리라

요한복음 17:11-12, 26 나는 세상에 더 있지 아니하오나 그들은 세상에 있사옵고 나는 아버지께로 가옵나니 거룩하신 아버지여 내게 주신 아버지의 이름으로 그들을 보전하사 우리와 같이 그들도 하나가 되게 하옵소서 내가 그들과 함께 있을 때에 내게 주신 아버지의 이름으로 그들을 보전하고 지키었나이다 그중의 하나도 멸망하지 않고 다만 멸망의 자식뿐이오니 이는 성경을 응하게 함이니이다, 내가 아버지의 이름을 그들에게 알게 하였고 또 알게 하리니 이는 나를 사랑하신 사

3. The Theme of the Bible is Jesus

The only name we must call, testify, praise, and exalt is Jesus, who contains the names of the Father, the Son, and the Holy Spirit.

Philippians 2:9–11 ⁹ Therefore God exalted him to the highest place and gave him the name that is above every name, ¹⁰ that at the name of Jesus every knee should bow, in heaven and on earth and under the earth, ¹¹ and every tongue acknowledge that Jesus Christ is Lord, to the glory of God the Father.

John 5:43 I have come in my Father's name, and you do not accept me; but if someone else comes in his own name, you will accept him.

John 17:11–12, 26 ¹¹ I will remain in the world no longer, but they are still in the world, and I am coming to you. Holy Father, protect them by the power of your name, the name you gave me, so that they may be one as we are one. ¹² While I was with them, I protected them and kept them safe by that name you gave me. None has been lost except the one doomed to destruction so that Scripture would be fulfilled. ²⁶ I have made you known to them,

랑이 그들 안에 있고 나도 그들 안에 있게 하려 함이니이다

성령님은 예수님의 이름으로 오십니다.

요한복음 14:26 보혜사 곧 아버지께서 내 이름으로 보내실 성령 그가 너희에게 모든 것을 가르치고 내가 너희에게 말한 모든 것을 생각나게 하리라

and will continue to make you known in order that the love you have for me may be in them and that I myself may be in them."

The Holy Spirit comes in the name of Jesus.

John 14:26

But the Advocate, the Holy Spirit, whom the Father will send in my name, will teach you all things and will remind you of everything I have said to you.

4. 성부와 성자와 성령의 이름이 예수님입니다

마태복음 28:18-20 예수께서 나아와 말씀하여 이르시되 하늘과 땅의 모든 권세를 내게 주셨으니 그러므로 너희는 가서 모든 민족을 제자로 삼아 아버지와 아들과 성령의 이름으로(예수님) 세례를 베풀고 내가 너희에게 분부한 모든 것을 가르쳐 지키게 하라 볼지어다 내가 세상 끝날까지 너희와 항상 함께 있으리라 하시니라

"아버지와 아들과 성령의 이름으로 세례를 베풀고"는 세 분의 이름이 같은 이름인 예수님임을 말합니다.

4. The name of the Father, the Son, and the Holy Spirit is Jesus

Matthew 28:18-20 ¹⁸ Then Jesus came to them and said, "All authority in heaven and on earth has been given to me. ¹⁹ Therefore go and make disciples of all nations, baptizing them in the name of the Father and of the Son and of the Holy Spirit, ²⁰ and teaching them to obey everything I have commanded you. And surely I am with you always, to the very end of the age."

"Baptizing them in the name of the Father, the Son, and the Holy Spirit" refers to the three people having the same name, Jesus.

5. 성령님은 인격이십니다

인격이란 하나님의 지정의를 가지신 속성을 말합니다. 인격이신 성령님은 말씀하시고, 가르치시고, 간구하시고, 하나님의 뜻이 아닌 것을 행할 때 막으시고, 우리에게 명령하시고, 진리 가운데로 인도하시고, 우리가 하나님의 자녀인 것을 증거하시며, 하나님의 말씀을 생각나게 하시고, 우리가 잘못할 때 근심하시며, 세상을 책망하시고, 우리와 교통하시고, 감동하시고, 징계하시고, 일꾼을 선택하십니다.

5. The Holy Spirit is a person

Personality is an attribute of God's designation. The personal Holy Spirit speaks, teaches, and supplicates, stops us from doing what is not God's will, commands us, guides us in truth, testifies that we are children of God, reminds us of the Word of God, grieves us when we do wrong, rebukes the world, communicates with us, moves us, disciplines us, and chooses workers.

6. 성령님은 우리 안(마음)에 거하십니다

성령님은 언제부터 우리 안에 거하시나요? 예수님을 구주로 영접하는 순간부터입니다. 내 죄 때문에 십자가에 달려 돌아가신 예수님을 나의 구세주로 마음에 믿고 입으로 구주로 시인하면 내 죄 사함을 받고 즉시 성령님이 내 안에 들어오심으로 내가 새 생명으로 태어나 영생을 얻게 됩니다. 이것이 중생, 거듭남입니다.

고린도전서 12:3 성령으로 아니하고는 누구든지 예수를 주시라 할 수 없느니라

요한복음 14:17 그는 너희와 함께 거하심이요 또 너희 속에 계시겠음이라

고린도전서 3:16 하나님의 성령이 너희 안에 계시는 것을 알지 못하느냐

디모데후서 1:14 우리 안에 거하시는 성령으로 말미암아 네게 부탁한 아름다운 것을 지키라

6. The Holy Spirit dwells within us

Since when does the Holy Spirit dwell in us? From the moment I accept Jesus as my Savior. If I believe in my heart and confess Jesus as my Savior with my mouth, who died on the cross for my sins, my sins will be forgiven, and the Holy Spirit will immediately come into me, so I will be born into a new life and have eternal life. This is regeneration, rebirth.

1 Corinthians 12:3 no one can say, "Jesus is Lord," except by the Holy Spirit.

John 14:17 for he lives with you and will be in you.

1 Corinthians 3:16 that God's Spirit dwells in your midst?

2 Timothy 1:14 Guard the good deposit that was entrusted to you-guard it with the help of the Holy Spirit who lives in us.

7. 성령님이 하시는 일

1) 예수님을 증언합니다.

요한복음 15:26 내가 아버지께로부터 너희에게 보낼 보혜사 곧 아버지께로부터 나오시는 진리의 성령이 오실 때에 그가 나를 증언하실 것이요

2) 예수님의 영광을 나타냅니다.

요한복음 16:14 그가 내 영광을 나타내리니 내 것을 가지고 너희에게 알리시겠음이라

3) 예수님 믿는 자를 증인으로 세웁니다.

사도행전 1:8 오직 성령이 너희에게 임하시면 너희가 권능을 받고 예루살렘과 온 유대와 사마리아와 땅 끝까지 이르러 내 증인이 되리라 하시니라

4) 증인과 함께함으로 큰 일을 행하십니다.

요한복음 14:12 내가 진실로 진실로 너희에게 이르노니 나를 믿는 자는 내가 하는 일을 그도 할 것이요 또한 그보다 큰 일도 하리니 이는 내가 아버지께로 감이라

7. What the Holy Spirit Does

1) He Testifies of Jesus.

John 15:26 "When the Advocate comes, whom I will send to you from the Father-the Spirit of truth who goes out from the Father-he will testify about me.

2) He represents the glory of Jesus.

John 16:14 He will glorify me because it is from me that he will receive what he will make known to you.

3) He establishes those who believe in Jesus as witnesses.

Acts 1:8 But you will receive power when the Holy Spirit comes on you; and you will be my witnesses in Jerusalem, and in all Judea and Samaria, and to the ends of the earth."

4) He does great things by being with the Witnesses.

John 14:12 Very truly I tell you, whoever believes in me will do the works I have been doing, and they will do even greater things than these, because I am going to the Father.

5) 영원토록 증인과 함께하십니다.

요한복음 14:16 내가 아버지께 구하겠으니 그가 또 다른 보혜사를 너희에게 주사 영원토록 너희와 함께 있게 하리니

6) 증인 속에 계십니다.

요한복음 14:17 그는 진리의 영이라 세상은 능히 그를 받지 못하나니 이는 그를 보지도 못하고 알지도 못함이라 그러나 너희는 그를 아나니 그는 너희와 함께 거하심이요 또 너희 속에 계시겠음이라

7) 삼위 하나님이 증인과 거처를 함께하십니다.

요한복음 14:23 예수께서 대답하여 이르시되 사람이 나를 사랑하면 내 말을 지키리니 내 아버지께서 그를 사랑하실 것이요 우리가 그에게 가서 거처를 그와 함께하리라

8) 증인에게 모든 것을 가르치시고, 예수님이 말씀하신 모든 것을 생각나게 하십니다.

요한복음 14:26 보혜사 곧 아버지께서 내 이름으로 보내실 성령 그가 너희에게 모든 것을 가르치고 내가 너희에게 말한 모든 것을 생각나게 하리라

9) 죄, 의, 심판에 대하여 세상을 책망하십니다.

요한복음 16:8 그가 와서 죄에 대하여, 의에 대하여, 심판에 대하여 세상을 책망하시리라

10) 모든 진리 가운데 인도하고, 오직 들은 것을 말하며, 장래 일을 알

5) He is with the witnesses forever.

John 14:16 And I will ask the Father, and he will give you another advocate to help you and be with you forever-

6) He is among the witnesses.

John 14:17 the Spirit of truth. The world cannot accept him, because it neither sees him nor knows him. But you know him, for he lives with you and will be in you.

7) The triune God dwells with the witnesses.

John 14:23 Jesus replied, "Anyone who loves me will obey my teaching. My Father will love them, and we will come to them and make our home with them.

8) He teaches the witnesses everything and reminds them of everything that Jesus said.

John 14:26 But the Advocate, the Holy Spirit, whom the Father will send in my name, will teach you all things and will remind you of everything I have said to you.

9) He convicts the world of sin, righteousness, and judgment.

John 16:8 When he comes, he will prove the world to be in the wrong about sin and righteousness and judgment:

10) He guides us in all truth, speaks only what he hears, and

려주십니다.

요한복음 16:13 그러나 진리의 성령이 오시면 그가 너희를 모든 진리 가운데로 인도하시리니 그가 스스로 말하지 않고 오직 들은 것을 말하며 장래 일을 너희에게 알리시리라

11) 예수님의 것을 가지고 알려주십니다.

요한복음 16:14 그가 내 영광을 나타내리니 내 것을 가지고 너희에게 알리시겠음이라

12) 아버지께 있는 것은 다 예수님의 것입니다.

요한복음 16:15 무릇 아버지께 있는 것은 다 내 것이라 그러므로 내가 말하기를 그가 내 것을 가지고 너희에게 알리시리라 하였노라

13) 모든 것, 하나님의 깊은 것까지 통달하십니다.

고린도전서 2:10 오직 하나님이 성령으로 이것을 우리에게 보이셨으니 성령은 모든 것 곧 하나님의 깊은 것까지도 통달하시느니라

tells us about the future.

John 16:13 But when he, the Spirit of truth, comes, he will guide you into all the truth. He will not speak on his own; he will speak only what he hears, and he will tell you what is yet to come.

11) The Holy Spirit tells us from the things that belong to Jesus.

John 16:14 He will glorify me because it is from me that he will receive what he will make known to you.

12) Everything the Father has belongs to Jesus.

John 16:15 All that belongs to the Father is mine. That is why I said the Spirit will receive from me what he will make known to you."

13) He understands everything, even the deep things of God.

1 Corinthians 2:10 these are the things God has revealed to us by his Spirit. The Spirit searches all things, even the deep things of God.

8. 구약의 신의 역사

제사장, 선지자, 왕에게 머리에 기름을 부어 성별함으로 하나님의 신이 임함으로 일했습니다.

하나님의 신이 임하면 나타나는 현상

1) 지혜와 총명, 지식이 가득해진다.
출애굽기 35:30-31 모세가 이스라엘 자손에게 이르되 볼지어다 여호와께서 유다 지파 훌의 손자요 우리의 아들인 브살렐을 지명하여 부르시고 하나님의 영을 그에게 충만하게 하여 지혜와 총명과 지식으로 여러 가지 일을 하게 하시되

2) 예언을 한다.
민수기 11:25-26 여호와께서 구름 가운데 강림하사 모세에게 말씀하시고 그에게 임한 영을 칠십 장로에게도 임하게 하시니 영이 임하신 때에 그들이 예언을 하다가 다시는 하지 아니하였더라 그 기명된 자 중 엘닷이라 하는 자와 메닷이라 하는 자 두 사람이 진영에 머물고 장막에 나아가지 아니하였으나 그들에게도 영이 임하였으므로 진영에서 예언한지라

8. The History of God in the Old Testament

By anointing and consecrating priests, prophets, and kings on their heads, the Spirit of God came upon them.

What appears when God's Spirit comes

1) Be filled with wisdom, intelligence, and knowledge.

Exodus 35:30–31 ³⁰ Then Moses said to the Israelites, "See, the Lord has chosen Bezalel son of Uri, the son of Hur, of the tribe of Judah, ³¹ and he has filled him with the Spirit of God, with wisdom, with understanding, with knowledge and with all kinds of skills-

2) Make prophecies.

Numbers 11:25–26 ²⁵ Then the Lord came down in the cloud and spoke with him, and he took some of the power of the Spirit that was on him and put it on the seventy elders. When the Spirit rested on them, they prophesied-but did not do so again. ²⁶ However, two men, whose names were Eldad and Medad, had remained in the camp. They were listed among the elders, but did not go out to the tent. Yet the Spirit also rested on them, and

3) 초인적인 힘이 솟아난다.

사사기 14:6 여호와의 영이 삼손에게 강하게 임하니 그가 손에 아무 것도 없이 그 사자를 염소 새끼를 찢는 것같이 찢었으나 그는 자기가 행한 일을 부모에게 알리지 아니하였더라

열왕기상 18:46 여호와의 능력이 엘리야에게 임하매 그가 허리를 동이고 이스르엘로 들어가는 곳까지 아합 앞에서 달려갔더라

4) 이적을 일으킨다.

열왕기하 1:9-10 이에 오십부장과 그의 군사 오십 명을 엘리야에게로 보내매 그가 엘리야에게로 올라가 본즉 산 꼭대기에 앉아 있는지라 그가 엘리야에게 이르되 하나님의 사람이여 왕의 말씀이 내려오라 하셨나이다 엘리야가 오십부장에게 대답하여 이르되 내가 만일 하나님의 사람이면 불이 하늘에서 내려와 너와 너의 오십 명을 사를지로다 하매 불이 곧 하늘에서 내려와 그와 그의 군사 오십 명을 살랐더라

열왕기하 2:14 엘리야의 몸에서 떨어진 그의 겉옷을 가지고 물을 치며 이르되 엘리야의 하나님 여호와는 어디 계시니이까 하고 그도 물을 치매 물이 이리저리 갈라지고 엘리사가 건너니라

they prophesied in the camp.

3) Superhuman strength springs up.

Judges 14:6 The Spirit of the Lord came powerfully upon him so that he tore the lion apart with his bare hands as he might have torn a young goat. But he told neither his father nor his mother what he had done.

1 Kings 18:46 The power of the Lord came on Elijah and, tucking his cloak into his belt, he ran ahead of Ahab all the way to Jezreel.

4) Cause miracles.

2 Kings 1:9-10 9 Then he sent to Elijah a captain with his company of fifty men. The captain went up to Elijah, who was sitting on the top of a hill, and said to him, "Man of God, the king says, 'Come down!'" 10 Elijah answered the captain, "If I am a man of God, may fire come down from heaven and consume you and your fifty men!" Then fire fell from heaven and consumed the captain and his men.

2 Kings 2:14 He took the cloak that had fallen from Elijah and struck the water with it. "Where now is the Lord, the God of Elijah?" he asked. When he struck the water, it divided to the right and to the left, and he crossed over.

9. 구약의 신의 역사는 모두가 외적인 역사로, 천사의 사역임을 말합니다

민수기 22:31 그때에 여호와께서 발람의 눈을 밝히시매 여호와의 사자(천사)가 손에 칼을 빼들고 길에 선 것을 그가 보고 머리를 숙이고 엎드리니

사사기 13:16 여호와의 사자(천사)가 마노아에게 이르되 네가 비록 나를 머물게 하나 내가 네 음식을 먹지 아니하리라 번제를 준비하려거든 마땅히 여호와께 드릴지니라 하니 이는 그가 여호와의 사자인 줄을 마노아가 알지 못함이었더라

사무엘하 24:16 천사가 예루살렘을 향하여 그의 손을 들어 멸하려 하더니 여호와께서 이 재앙 내리심을 뉘우치사 백성을 멸하는 천사에게 이르시되 족하다 이제는 네 손을 거두라 하시니 여호와의 사자가 여부스 사람 아라우나의 타작 마당 곁에 있는지라

역대상 21:15 하나님이 예루살렘을 멸하러 천사를 보내셨더니 천사가 멸하려 할 때에 여호와께서 보시고 이 재앙 내림을 뉘우치사 멸하는 천사에게 이르시되 족하다 이제는 네 손을 거두라 하시니 그 때에 여호와의 천사가 여부스 사람 오르난의 타작 마당 곁에 선지라

9. The work of God in the Old Testament is all external work and means the work of angels

Numbers 22:31 Then the Lord opened Balaam's eyes, and he saw the angel of the Lord standing in the road with his sword drawn. So he bowed low and fell facedown.

Judges 13:16 The angel of the Lord replied, "Even though you detain me, I will not eat any of your food. But if you prepare a burnt offering, offer it to the Lord." (Manoah did not realize that it was the angel of the Lord.)

2 Samuel 24:16 When the angel stretched out his hand to destroy Jerusalem, the Lord relented concerning the disaster and said to the angel who was afflicting the people, "Enough! Withdraw your hand." The angel of the Lord was then at the threshing floor of Araunah the Jebusite.

1 Chronicles 21:15 And God sent an angel to destroy Jerusalem. But as the angel was doing so, the Lord saw it and relented concerning the disaster and said to the angel who was destroying the people, "Enough! Withdraw your hand." The angel of the Lord was then standing at the threshing floor of Araunah

이에 대하여 기름 부음 받은 스데반의 증거입니다.

사도행전 7:30-35, 38, 53 사십 년이 차매 천사가 시내 산 광야 가시나무 떨기 불꽃 가운데서 그에게 보이거늘 모세가 그 광경을 보고 놀랍게 여겨 알아보려고 가까이 가니 주의 소리가 있어 나는 네 조상의 하나님 즉 아브라함과 이삭과 야곱의 하나님이라 하신대 모세가 무서워 감히 바라보지 못하더라 주께서 이르시되 네 발의 신을 벗으라 네가 서 있는 곳은 거룩한 땅이니라 내 백성이 애굽에서 괴로움 받음을 내가 확실히 보고 그 탄식하는 소리를 듣고 그들을 구원하려고 내려왔노니 이제 내가 너를 애굽으로 보내리라 하시니라 그들의 말이 누가 너를 관리와 재판장으로 세웠느냐 하며 거절하던 그 모세를 하나님은 가시나무 떨기 가운데서 보이던 천사의 손으로 관리와 속량하는 자로서 보내셨으니, 시내 산에서 말하던 그 천사와 우리 조상들과 함께 광야 교회에 있었고 또 살아 있는 말씀을 받아 우리에게 주던 자가 이 사람이라, 너희는 천사가 전한 율법을 받고도 지키지 아니하였도다 하니라

창세기 16:11 여호와의 사자가 또 그에게 이르되 네가 임신하였은즉

the Jebusite.

This is the evidence of Stephen, who was anointed with oil.

Acts 7:30–35, 38, 53 30 "After forty years had passed, an angel appeared to Moses in the flames of a burning bush in the desert near Mount Sinai. 31 When he saw this, he was amazed at the sight. As he went over to get a closer look, he heard the Lord say: 32 'I am the God of your fathers, the God of Abraham, Isaac and Jacob.' Moses trembled with fear and did not dare to look. 33 "Then the Lord said to him, 'Take off your sandals, for the place where you are standing is holy ground. 34 I have indeed seen the oppression of my people in Egypt. I have heard their groaning and have come down to set them free. Now come, I will send you back to Egypt.' 35 "This is the same Moses they had rejected with the words, 'Who made you ruler and judge?' He was sent to be their ruler and deliverer by God himself, through the angel who appeared to him in the bush. 38 He was in the assembly in the wilderness, with the angel who spoke to him on Mount Sinai, and with our ancestors; and he received living words to pass on to us. 53 you who have received the law that was given through angels but have not obeyed it."

Genesis 16:11 The angel of the Lord also said to her: "You are

아들을 낳으리니 그 이름을 이스마엘이라 하라 이는 여호와께서 네 고통을 들으셨음이니라

아브라함에게 나타난 여호와 하나님은 누구입니까?

천사 셋이 사람으로 현현했음을 말합니다.

창세기 18:1-33 여호와께서 마므레의 상수리나무들이 있는 곳에서 아브라함에게 나타나시니라 날이 뜨거울 때에 그가 장막 문에 앉아 있다가 눈을 들어 본즉 사람 셋이 맞은편에 서 있는지라 그가 그들을 보자 곧 장막 문에서 달려나가 영접하며 몸을 땅에 굽혀 이르되 내 주여 내가 주께 은혜를 입었사오면 원하건대 종을 떠나 지나가지 마시옵고 물을 조금 가져오게 하사 당신들의 발을 씻으시고 나무 아래에서 쉬소서 내가 떡을 조금 가져오리니 당신들의 마음을 상쾌하게 하신 후에 지나가소서 당신들이 종에게 오셨음이니이다 그들이 이르되 네 말대로 그리하라

아브라함이 급히 장막으로 가서 사라에게 이르되 속히 고운 가루 세 스아를 가져다가 반죽하여 떡을 만들라 하고 아브라함이 또 가축 떼 있는 곳으로 달려가서 기름지고 좋은 송아지를 잡아 하인에게 주니 그가 급히 요리한지라 아브라함이 엉긴 젖과 우유와 하인이 요리한 송아지를 가져다가 그들 앞에 차려 놓고 나무 아래에 모셔 서매 그들이 먹으니라 그들이 아브라함에게 이르되 네 아내 사라가 어디 있느냐 대답하되 장막에 있나이다 그가 이르시되 내년 이맘때 내가 반드시 네게로 돌아오리니 네 아내 사라에게 아들이 있으리라 하시니 사라가 그 뒤 장막 문에서 들었더라 아브라함과 사라는 나이가 많아 늙었고 사라에

now pregnant and you will give birth to a son. You shall name him Ishmael, for the Lord has heard of your misery.

Who is Jehovah God revealed to Abraham?

It refers to the appearance of three angels as men.

Genesis 18:1–33 1 The Lord appeared to Abraham near the great trees of Mamre while he was sitting at the entrance to his tent in the heat of the day. 2 Abraham looked up and saw three men standing nearby. When he saw them, he hurried from the entrance of his tent to meet them and bowed low to the ground. 3 He said, "If I have found favor in your eyes, my lord, do not pass your servant by. 4 Let a little water be brought, and then you may all wash your feet and rest under this tree. 5 Let me get you something to eat, so you can be refreshed and then go on your way now that you have come to your servant." "Very well," they answered, "do as you say."

6 So Abraham hurried into the tent to Sarah. "Quick," he said, "get three seahs of the finest flour and knead it and bake some bread." 7 Then he ran to the herd and selected a choice, tender calf and gave it to a servant, who hurried to prepare it. 8 He then brought some curds and milk and the calf that had been prepared, and set these before them. While they ate, he stood near them under a tree. 9 "Where is your wife Sarah?" they asked

게는 여성의 생리가 끊어졌는지라 사라가 속으로 웃고 이르되 내가 노쇠하였고 내 주인도 늙었으니 내게 무슨 즐거움이 있으리요

여호와께서 아브라함에게 이르시되 사라가 왜 웃으며 이르기를 내가 늙었거늘 어떻게 아들을 낳으리요 하느냐 여호와께 능하지 못한 일이 있겠느냐 기한이 이를 때에 내가 네게로 돌아오리니 사라에게 아들이 있으리라 사라가 두려워서 부인하여 이르되 내가 웃지 아니하였나이다 이르시되 아니라 네가 웃었느니라 그 사람들이 거기서 일어나서 소돔으로 향하고 아브라함은 그들을 전송하러 함께 나가니라 여호와께서 이르시되 내가 하려는 것을 아브라함에게 숨기겠느냐 아브라함은 강대한 나라가 되고 천하 만민은 그로 말미암아 복을 받게 될 것이 아니냐 내가 그로 그 자식과 권속에게 명하여 여호와의 도를 지켜 의와 공도를 행하게 하려고 그를 택하였나니 이는 나 여호와가 아브라함에게 대하여 말한 일을 이루려 함이니라

여호와께서 또 이르시되 소돔과 고모라에 대한 부르짖음이 크고 그 죄악이 심히 무거우니 내가 이제 내려가서 그 모든 행한 것이 과연 내게 들린 부르짖음과 같은지 그렇지 않은지 내가 보고 알려 하노라 그 사람들이 거기서 떠나 소돔으로 향하여 가고 아브라함은 여호와 앞에 그대로 섰더니 아브라함이 가까이 나아가 이르되 주께서 의인을 악인과 함께 멸하려 하시나이까 그 성중에 의인 오십 명이 있을지라도 주께서 그곳을 멸하시고 그 오십 의인을 위하여 용서하지 아니하시리이까 주께서 이같이 하사 의인을 악인과 함께 죽이심은 부당하오며 의인과 악인을 같이 하심도 부당하니이다 세상을 심판하시는 이가 정의를 행하실 것이 아니니이까 여호와께서 이르시되 내가 만일 소돔 성읍 가운데에서 의인 오십 명을 찾으면 그들을 위하여 온 지역을 용서하리라 아브라함이 대답하여 이르되 나는 티끌이나 재와 같사오나 감히 주께 아

him. "There, in the tent," he said. **10** Then one of them said, "I will surely return to you about this time next year, and Sarah your wife will have a son." Now Sarah was listening at the entrance to the tent, which was behind him. **11** Abraham and Sarah were already very old, and Sarah was past the age of childbearing. **12** So Sarah laughed to herself as she thought, "After I am worn out and my lord is old, will I now have this pleasure?"

13 Then the Lord said to Abraham, "Why did Sarah laugh and say, 'Will I really have a child, now that I am old?' **14** Is anything too hard for the Lord? I will return to you at the appointed time next year, and Sarah will have a son." **15** Sarah was afraid, so she lied and said, "I did not laugh." But he said, "Yes, you did laugh." Abraham Pleads for Sodom **16** When the men got up to leave, they looked down toward Sodom, and Abraham walked along with them to see them on their way. **17** Then the Lord said, "Shall I hide from Abraham what I am about to do? **18** Abraham will surely become a great and powerful nation, and all nations on earth will be blessed through him. **19** For I have chosen him, so that he will direct his children and his household after him to keep the way of the Lord by doing what is right and just, so that the Lord will bring about for Abraham what he has promised him."

20 Then the Lord said, "The outcry against Sodom and Gomorrah is so great and their sin so grievous 21 that I will go down and see if what they have done is as bad as the outcry that

뢰나이다 오십 의인 중에 오 명이 부족하다면 그 오 명이 부족함으로 말미암아 온 성읍을 멸하시리이까 이르시되 내가 거기서 사십오 명을 찾으면 멸하지 아니하리라

아브라함이 또 아뢰어 이르되 거기서 사십 명을 찾으시면 어찌하려 하시나이까 이르시되 사십 명으로 말미암아 멸하지 아니하리라

아브라함이 이르되 내 주여 노하지 마시옵고 말씀하게 하옵소서 거기서 삼십 명을 찾으시면 어찌하려 하시나이까 이르시되 내가 거기서 삼십 명을 찾으면 그리하지 아니하리라 아브라함이 또 이르되 내가 감히 내 주께 아뢰나이다 거기서 이십 명을 찾으시면 어찌하려 하시나이까 이르시되 내가 이십 명으로 말미암아 그리하지 아니하리라 아브라함이 또 이르되 주는 노하지 마옵소서 내가 이번만 더 아뢰리이다 거기서 십 명을 찾으시면 어찌하려 하시나이까 이르시되 내가 십 명으로 말미암아 멸하지 아니하리라 여호와께서 아브라함과 말씀을 마치시고 가시니 아브라함도 자기 곳으로 돌아갔더라

has reached me. If not, I will know." 22 The men turned away and went toward Sodom, but Abraham remained standing before the Lord. 23 Then Abraham approached him and said: "Will you sweep away the righteous with the wicked? 24 What if there are fifty righteous people in the city? Will you really sweep it away and not spare the place for the sake of the fifty righteous people in it? 25 Far be it from you to do such a thing-to kill the righteous with the wicked, treating the righteous and the wicked alike. Far be it from you! Will not the Judge of all the earth do right?" 26 The Lord said, "If I find fifty righteous people in the city of Sodom, I will spare the whole place for their sake." 27 Then Abraham spoke up again: "Now that I have been so bold as to speak to the Lord, though I am nothing but dust and ashes, 28 what if the number of the righteous is five less than fifty? Will you destroy the whole city for lack of five people?" "If I find forty-five there," he said, "I will not destroy it."

29 Once again he spoke to him, "What if only forty are found there?" He said, "For the sake of forty, I will not do it."

30 Then he said, "May the Lord not be angry, but let me speak. What if only thirty can be found there?" He answered, "I will not do it if I find thirty there." 31 Abraham said, "Now that I have been so bold as to speak to the Lord, what if only twenty can be found there?" He said, "For the sake of twenty, I will not destroy it." 32 Then he said, "May the Lord not be angry, but let me speak just once more. What if only ten can be found there?" He

예수님 이후 성령님이 내재함으로 천사는 부리는 영으로서 구원 얻을 후사들을 섬기는 일과 하나님의 심부름을 합니다.

히브리서 1:14 모든 천사들은 섬기는 영으로서 구원받을 상속자들을 위하여 섬기라고 보내심이 아니냐

answered, "For the sake of ten, I will not destroy it." **33** When the Lord had finished speaking with Abraham, he left, and Abraham returned home.

After Jesus, with the presence of the Holy Spirit, angels serve as ministering spirits and carry out God's errands to serve those who will inherit salvation.

Hebrews 1:14 Are not all angels ministering spirits sent to serve those who will inherit salvation?

10. 예수님은 하나님의 아들로, 하나님 아버지는 사람으로 오신 인자이신 예수님 외에는 본 자가 없습니다

요한복음 6:46 이는 아버지를 본 자가 있다는 것이 아니니라 오직 하나님에게서 온 자만 아버지를 보았느니라

예수님 외에는 하나님을 본 사람이 없다고 예수님이 말씀하셨습니다. 예수님은 하나님 품에서 오셨고, 오직 예수님만이 길이고 진리이고 생명이십니다.

요한복음 14:6 예수께서 이르시되 내가 곧 길이요 진리요 생명이니 나로 말미암지 않고는 아버지께로 올 자가 없느니라

진리는 예수님이시고 예수님의 말씀이 교과서이고 율법과 선지서와 사도들의 서신서는 참고서로 교과서에 없는 말씀, 예수님이 전한 4복음서와 요한계시록에 없는 말씀 중 사도들이 전한 말은 참고일 뿐임을 알아야 합니다.

바울 사도가 전한 4가지 말씀은 교과서에 없는 참고의 말씀인데 이것을 절대적인 진리로 받아들여 혼란을 빚는 것은 교과서인 진리, 예수님의 말씀으로 바로잡아야 합니다. 진리는 오직 예수님이시기

10. Jesus is the Son of God, and no one has seen God the Father except Jesus, the Son of Man who came in the from of a man

John 6:46 No one has seen the Father except the one who is from God; only he has seen the Father.

Jesus said that no one has ever seen God but Him. Jesus came from the bosom of God, and Jesus alone is the way, the truth, and the life.

John 14:6 Jesus answered, "I am the way and the truth and the life. No one comes to the Father except through me.

You must know that the truth is Jesus, and the words of Jesus are textbooks, and the Law, the Prophets, and the Epistles of the Apostles are reference books, and the words that are not in the textbooks, and the words that the apostles preached among the words that are not in the four Gospels and the Book of Revelation that Jesus preached are only references.

The four words of the Apostle Paul are words of reference that are not found in the textbook, and if we accept them as absolute truths and cause confusion, we must correct them with

때문입니다. 진리이신 예수님을 초월하면 예수님보다 더 위대하고 우상숭배가 되는 것입니다.

the textbooks, the truth, the words of Jesus. Because the truth is Jesus alone. If you transcend Jesus, who is the truth, you are greater than Jesus and become idolatry.

10. 예수님은 하나님의 아들로, 하나님 아버지는 사람으로 오신 인자이신 예수님 외에는 본 자가 없습니다
10. Jesus is the Son of God, and no one has seen God the Father except Jesus, the Son of Man who came in the from of a man

11. 바울이 전한 4가지 말씀에 대하여 예수님의 말씀으로 재조명

1) 결혼하지 말라는 것은 바울의 의견이지 절대적인 진리가 아닙니다.

고린도전서 7:6-7 그러나 내가 이 말을 함은 허락이요 명령은 아니니라 나는 모든 사람이 나와 같기를 원하노라 그러나 각각 하나님께 받은 자기의 은사가 있으니 이 사람은 이러하고 저 사람은 저러하니라

고린도전서 7:25-26 처녀에 대하여는 내가 주께 받은 계명이 없으되 주의 자비하심을 받아서 충성스러운 자가 된 내가 의견을 말하노니 내 생각에는 이것이 좋으니 곧 임박한 환난으로 말미암아 사람이 그냥 지내는 것이 좋으니라

결혼은 하나님의 명령이자 진리이다.

마태복음 19:4-6 예수께서 대답하여 이르시되 사람을 지으신 이가 본래 그들을 남자와 여자로 지으시고 말씀하시기를 그러므로 사람이 그 부모를 떠나서 아내에게 합하여 그 둘이 한 몸이 될지니라 하신 것을 읽지 못하였느냐 그런즉 이제 둘이 아니요 한 몸이니 그러므로 하나님이 짝지어 주신 것을 사람이 나누지 못할지니라 하시니

11. Re-lighing Paul's four words through Jesus' Words

1) Paul's opinion not to marry is not an absolute truth.

1 Corinthians 7:6–7 6 I say this as a concession, not as a command. 7 I wish that all of you were as I am. But each of you has your own gift from God; one has this gift, another has that.

1 Corinthians 7:25–26 25 Now about virgins: I have no command from the Lord, but I give a judgment as one who by the Lord's mercy is trustworthy. 26 Because of the present crisis, I think that it is good for a man to remain as he is.

Marriage is God's command and truth.

Matthew 19:4–6 4 "Haven't you read," he replied, "that at the beginning the Creator 'made them male and female,' 5 and said, 'For this reason a man will leave his father and mother and be united to his wife, and the two will become one flesh'? 6 So they are no longer two, but one flesh. Therefore what God has joined together, let no one separate."

2) 여자는 교회에서 잠잠하라는 말은 그 시대에 필요한 바울의 권면이지 진리가 아닙니다. 이것이 잘못 해석되어 현대 교단에서 여자가 목사 안수 받는 것에 걸림돌이 되고 있습니다. 이는 전적인 오해입니다.

고린도전서 14:34 여자는 교회에서 잠잠하라 그들에게는 말하는 것을 허락함이 없나니 율법에 이른 것같이 오직 복종할 것이요

예수님은 남녀를 차별하지 않고 모두에게 증인이 되라 명령하셨습니다.

사도행전 1:8 오직 성령이 너희에게 임하시면 너희가 권능을 받고 예루살렘과 온 유대와 사마리아와 땅 끝까지 이르러 내 증인이 되리라 하시니라

사도행전 2:16-18 이는 곧 선지자 요엘을 통하여 말씀하신 것이니 일렀으되 하나님이 말씀하시기를 말세에 내가 내 영을 모든 육체에 부어 주리니 너희의 자녀들은 예언할 것이요 너희의 젊은이들은 환상을 보고 너희의 늙은이들은 꿈을 꾸리라 그때에 내가 내 영을 내 남종과 여종들에게 부어 주리니 그들이 예언할 것이요

3) 바울의 예정은 전체적인 문맥을 볼 때 예수 안에서 예정이므로 오직 예정하신 분은 예수님 한 분임을 말합니다. 우리가 예정하신 예수님

2) Paul's exhortation that women should be silent in the church is the need for his day, not the truth. This has been misinterpreted and has become a barrier to women's ordination in modern denominations. This is a complete misunderstanding.

1 Corinthians 14:34 Women should remain silent in the churches. They are not allowed to speak, but must be in submission, as the law says.

Jesus did not discriminate between men and women, but commanded everyone to be witnesses.

Acts 1:8 But you will receive power when the Holy Spirit comes on you; and you will be my witnesses in Jerusalem, and in all Judea and Samaria, and to the ends of the earth."

Acts 2:16–18 16 No, this is what was spoken by the prophet Joel: 17 "'In the last days, God says, I will pour out my Spirit on all people. Your sons and daughters will prophesy, your young men will see visions, your old men will dream dreams. 18 Even on my servants, both men and women, I will pour out my Spirit in those days, and they will prophesy.

3) Paul's predestination is predestination in Jesus in the context of the whole, so Jesus is the only one who predestines. It is

을 믿음으로 예정함을 입은 것을 말한 것인데 구원받을 사람이 예정되고 구원받지 못할 사람이 예정되었다는 것은 잘못된 것입니다. 오직 예수님은 만세전에 우리를 위해 예정되신 분입니다.

에베소서 1:5-11 그 기쁘신 뜻대로 우리를 예정하사 예수 그리스도로 말미암아 자기의 아들들이 되게 하셨으니 이는 그가 사랑하시는 자 안에서 우리에게 거저 주시는 바 그의 은혜의 영광을 찬송하게 하려는 것이라 우리는 그리스도 안에서 그의 은혜의 풍성함을 따라 그의 피로 말미암아 속량 곧 죄 사함을 받았느니라 이는 그가 모든 지혜와 총명을 우리에게 넘치게 하사 그 뜻의 비밀을 우리에게 알리신 것이요 그의 기뻐하심을 따라 그리스도 안에서 때가 찬 경륜을 위하여 예정하신 것이니 하늘에 있는 것이나 땅에 있는 것이 다 그리스도 안에서 통일되게 하려 하심이라 모든 일을 그의 뜻의 결정대로 일하시는 이의 계획을 따라 우리가 예정을 입어 그 안에서 기업이 되었으니

에베소서 3:11 곧 영원부터 우리 주 그리스도 예수 안에서 예정하신 뜻대로 하신 것이라

아래는 예수 그리스도의 예정하신 예언의 말씀입니다.

창세기 3:15 내가 너로 여자와 원수가 되게 하고 네 후손도 여자의

wrong to say that we are predestined by faith in Jesus, who is predestined to be saved, and predestined not to be saved. Only Jesus was predestined for us before all ages.

Ephesians 1:5–11 5 he predestined us for adoption to sonship through Jesus Christ, in accordance with his pleasure and will- 6 to the praise of his glorious grace, which he has freely given us in the One he loves. 7 In him we have redemption through his blood, the forgiveness of sins, in accordance with the riches of God's grace 8 that he lavished on us. With all wisdom and understanding, 9 he made known to us the mystery of his will according to his good pleasure, which he purposed in Christ, 10 to be put into effect when the times reach their fulfillment to bring unity to all things in heaven and on earth under Christ. 11 In him we were also chosen, having been predestined according to the plan of him who works out everything in conformity with the purpose of his will,

Ephesians 3:11 according to his eternal purpose that he accomplished in Christ Jesus our Lord.

Below are the predestined prophetic words of Jesus Christ.

Genesis 3:15 And I will put enmity between you and the

후손과 원수가 되게 하리니 여자의 후손은 네 머리를 상하게 할 것이요 너는 그의 발꿈치를 상하게 할 것이니라 하시고

창세기 3:22 여호와 하나님이 이르시되 보라 이 사람이 선악을 아는 일에 우리 중 하나같이 되었으니 그가 그의 손을 들어 생명 나무 열매도 따 먹고 영생할까 하노라 하시고

이사야 53:2-12 그는 주 앞에서 자라나기를 연한 순 같고 마른 땅에서 나온 뿌리 같아서 고운 모양도 없고 풍채도 없은즉 우리가 보기에 흠모할 만한 아름다운 것이 없도다 그는 멸시를 받아 사람들에게 버림 받았으며 간고를 많이 겪었으며 질고를 아는 자라 마치 사람들이 그에게서 얼굴을 가리는 것같이 멸시를 당하였고 우리도 그를 귀히 여기지 아니하였도다 그는 실로 우리의 질고를 지고 우리의 슬픔을 당하였거늘 우리는 생각하기를 그는 징벌을 받아 하나님께 맞으며 고난을 당한다 하였노라 그가 찔림은 우리의 허물 때문이요 그가 상함은 우리의 죄악 때문이라 그가 징계를 받으므로 우리는 평화를 누리고 그가 채찍에 맞으므로 우리는 나음을 받았도다

우리는 다 양 같아서 그릇 행하여 각기 제 길로 갔거늘 여호와께서는 우리 모두의 죄악을 그에게 담당시키셨도다 그가 곤욕을 당하여 괴로울 때에도 그의 입을 열지 아니하였음이여 마치 도수장으로 끌려가는 어린 양과 털 깎는 자 앞에서 잠잠한 양같이 그의 입을 열지 아니하였도다 그는 곤욕과 심문을 당하고 끌려갔으나 그 세대 중에 누가 생각하기를 그가 살아 있는 자들의 땅에서 끊어짐은 마땅히 형벌 받을 내 백성의 허물 때문이라 하였으리요

woman, and between your offspring and hers; he will crush your head, and you will strike his heel."

Genesis 3:22 And the Lord God said, "The man has now become like one of us, knowing good and evil. He must not be allowed to reach out his hand and take also from the tree of life and eat, and live forever."

Isaiah 53:2–12 2 He grew up before him like a tender shoot, and like a root out of dry ground. He had no beauty or majesty to attract us to him, nothing in his appearance that we should desire him. 3 He was despised and rejected by mankind, a man of suffering, and familiar with pain. Like one from whom people hide their faces he was despised, and we held him in low esteem. 4 Surely he took up our pain and bore our suffering, yet we considered him punished by God, stricken by him, and afflicted. 5 But he was pierced for our transgressions, he was crushed for our iniquities; the punishment that brought us peace was on him, and by his wounds we are healed.

6 We all, like sheep, have gone astray, each of us has turned to our own way; and the Lord has laid on him the iniquity of us all. 7 He was oppressed and afflicted, yet he did not open his mouth; he was led like a lamb to the slaughter, and as a sheep before its shearers is silent, so he did not open his mouth. 8 By oppression and judgment he was taken away. Yet who of his generation

그는 강포를 행하지 아니하였고 그의 입에 거짓이 없었으나 그의 무덤이 악인들과 함께 있었으며 그가 죽은 후에 부자와 함께 있었도다 여호와께서 그에게 상함을 받게 하시기를 원하사 질고를 당하게 하셨은즉 그의 영혼을 속건제물로 드리기에 이르면 그가 씨를 보게 되며 그의 날은 길 것이요 또 그의 손으로 여호와께서 기뻐하시는 뜻을 성취하리로다 그가 자기 영혼의 수고한 것을 보고 만족하게 여길 것이라 나의 의로운 종이 자기 지식으로 많은 사람을 의롭게 하며 또 그들의 죄악을 친히 담당하리로다

그러므로 내가 그에게 존귀한 자와 함께 몫을 받게 하며 강한 자와 함께 탈취한 것을 나누게 하리니 이는 그가 자기 영혼을 버려 사망에 이르게 하며 범죄자 중 하나로 헤아림을 받았음이니라 그러나 그가 많은 사람의 죄를 담당하며 범죄자를 위하여 기도하였느니라

고린도전서 2:7 오직 은밀한 가운데 있는 하나님의 지혜를 말하는 것으로서 곧 감추어졌던 것인데 하나님이 우리의 영광을 위하여 만세 전에 미리 정하신 것이라

로마서 1:2 이 복음은 하나님이 선지자들을 통하여 그의 아들에 관하여 성경에 미리 약속하신 것이라

4) 예수님은 휴거에 대하여 언급하신 적이 없습니다. 사도 바울이 휴거에 대하여 언급한 것은 예수님의 말씀으로 바로잡아야 합니다. 휴거

protested? For he was cut off from the land of the living; for the transgression of my people he was punished.

⁹ He was assigned a grave with the wicked, and with the rich in his death, though he had done no violence, nor was any deceit in his mouth. ¹⁰ Yet it was the Lord's will to crush him and cause him to suffer, and though the Lord makes his life an offering for sin, he will see his offspring and prolong his days, and the will of the Lord will prosper in his hand. ¹¹ After he has suffered, he will see the light of life and be satisfied; by his knowledge my righteous servant will justify many, and he will bear their iniquities.

¹² Therefore I will give him a portion among the great, and he will divide the spoils with the strong, because he poured out his life unto death, and was numbered with the transgressors. For he bore the sin of many, and made intercession for the transgressors.

1 Corinthians 2:7 No, we declare God's wisdom, a mystery that has been hidden and that God destined for our glory before time began.

Romans 1:2 the gospel he promised beforehand through his prophets in the Holy Scriptures.

4) Jesus never mentioned the Rapture. The Apostle Paul's reference to the rapture must be corrected by the words of

에 대한 언급은 성경구절 중에 오직 아래 한 구절입니다.

데살로니가전서 4:17 그 후에 우리 살아남은 자들도 그들과 함께 구름 속으로 끌어 올려 공중에서 주를 영접하게 하시리니 그리하여 우리가 항상 주와 함께 있으리라

예수님은 마지막 때 있을 일에 대하여 아래와 같이 언급하셨습니다.

마태복음 24:36-42 그러나 그날과 그때는 아무도 모르나니 하늘의 천사들도, 아들도 모르고 오직 아버지만 아시느니라 노아의 때와 같이 인자의 임함도 그러하리라 홍수 전에 노아가 방주에 들어가던 날까지 사람들이 먹고 마시고 장가 들고 시집 가고 있으면서 홍수가 나서 그들을 다 멸하기까지 깨닫지 못하였으니 인자의 임함도 이와 같으리라 그 때에 두 사람이 밭에 있으매 한 사람은 데려가고 한 사람은 버려둠을 당할 것이요 두 여자가 맷돌질을 하고 있으매 한 사람은 데려가고 한 사람은 버려둠을 당할 것이니라 그러므로 깨어 있으라 어느 날에 너희 주가 임할는지 너희가 알지 못함이니라

누가복음 17:24-35 번개가 하늘 아래 이쪽에서 번쩍이어 하늘 아래 저쪽까지 비침같이 인자도 자기 날에 그러하리라 그러나 그가 먼저 많은 고난을 받으며 이 세대에게 버린 바 되어야 할지니라 노아의 때에 된 것과 같이 인자의 때에도 그러하리라 노아가 방주에 들어가던 날까

Jesus. The Rapture is mentioned only in one passage of Scripture:

1 Thessalonians 4:17 After that, we who are still alive and are left will be caught up together with them in the clouds to meet the Lord in the air. And so we will be with the Lord forever.

Jesus mentions what will happen in the last days as follows:

Matthew 24:36–42 36 "But about that day or hour no one knows, not even the angels in heaven, nor the Son, but only the Father. 37 As it was in the days of Noah, so it will be at the coming of the Son of Man. 38 For in the days before the flood, people were eating and drinking, marrying and giving in marriage, up to the day Noah entered the ark; 39 and they knew nothing about what would happen until the flood came and took them all away. That is how it will be at the coming of the Son of Man. 40 Two men will be in the field; one will be taken and the other left. 41 Two women will be grinding with a hand mill; one will be taken and the other left. 42 "Therefore keep watch, because you do not know on what day your Lord will come.

Luke 17:24–35 24 For the Son of Man in his day will be like the lightning, which flashes and lights up the sky from one end to the other. 25 But first he must suffer many things and be rejected by this generation. 26 "Just as it was in the days of Noah,

지 사람들이 먹고 마시고 장가들고 시집가더니 홍수가 나서 그들을 다 멸망시켰으며 또 롯의 때와 같으리니 사람들이 먹고 마시고 사고 팔고 심고 집을 짓더니 롯이 소돔에서 나가던 날에 하늘로부터 불과 유황이 비 오듯 하여 그들을 멸망시켰느니라 인자가 나타나는 날에도 이러하리라 그날에 만일 사람이 지붕 위에 있고 그의 세간이 그 집 안에 있으면 그것을 가지러 내려가지 말 것이요 밭에 있는 자도 그와 같이 뒤로 돌이키지 말 것이니라 롯의 처를 기억하라 무릇 자기 목숨을 보전하고자 하는 자는 잃을 것이요 잃는 자는 살리리라 내가 너희에게 이르노니 그 밤에 둘이 한 자리에 누워 있으매 하나는 데려감을 얻고 하나는 버려둠을 당할 것이요 두 여자가 함께 맷돌을 갈고 있으매 하나는 데려감을 얻고 하나는 버려둠을 당할 것이니라

요한계시록 11:7-12 그들이 그 증언을 마칠 때에 무저갱으로부터 올라오는 짐승이 그들과 더불어 전쟁을 일으켜 그들을 이기고 그들을 죽일 터인즉 그들의 시체가 큰 성 길에 있으리니 그 성은 영적으로 하면 소돔이라고도 하고 애굽이라고도 하니 곧 그들의 주께서 십자가에 못 박히신 곳이라 백성들과 족속과 방언과 나라 중에서 사람들이 그 시체를 사흘 반 동안을 보며 무덤에 장사하지 못하게 하리로다 이 두 선지자가 땅에 사는 자들을 괴롭게 한 고로 땅에 사는 자들이 그들의 죽음을 즐거워하고 기뻐하여 서로 예물을 보내리라 하더라 삼 일 반 후에 하나님께로부터 생기가 그들 속에 들어가매 그들이 발로 일어서니 구

so also will it be in the days of the Son of Man. 27 People were eating, drinking, marrying and being given in marriage up to the day Noah entered the ark. Then the flood came and destroyed them all. 28 "It was the same in the days of Lot. People were eating and drinking, buying and selling, planting and building. 29 But the day Lot left Sodom, fire and sulfur rained down from heaven and destroyed them all. 30 "It will be just like this on the day the Son of Man is revealed. 31 On that day no one who is on the housetop, with possessions inside, should go down to get them. Likewise, no one in the field should go back for anything. 32 Remember Lot's wife! 33 Whoever tries to keep their life will lose it, and whoever loses their life will preserve it. 34 I tell you, on that night two people will be in one bed; one will be taken and the other left. 35 Two women will be grinding grain together; one will be taken and the other left."

Revelation 11:7–12 7 Now when they have finished their testimony, the beast that comes up from the Abyss will attack them, and overpower and kill them. 8 Their bodies will lie in the public square of the great city-which is figuratively called Sodom and Egypt-where also their Lord was crucified. 9 For three and a half days some from every people, tribe, language and nation will gaze on their bodies and refuse them burial. 10 The inhabitants of the earth will gloat over them and will celebrate by sending each other gifts, because these two prophets had tormented those who

경하는 자들이 크게 두려워하더라 하늘로부터 큰 음성이 있어 이리로 올라오라 함을 그들이 듣고 구름을 타고 하늘로 올라가니 그들의 원수들도 구경하더라

예수님은 마지막 때 데려감을 당한다는 말씀으로, 한 사람은 보호처로 데려감을 당하고 한 사람은 버려둠을 당한다고 말씀합니다. 요한계시록은 증인들이 3년 6개월 증거가 끝나면 짐승정부와의 전쟁에서 모두가 순교를 당하고 삼 일 반 후에 부활하여 구름 타고 하늘로 승천함을 말씀합니다. 예수님은 마지막 때 무릇 자기 목숨을 보전하고자 하는 자는 잃을 것이요 잃는 자는 살리리라 말씀하심으로 믿음의 사람이 환란을 통과할 것을 말씀합니다.

live on the earth. **11** But after the three and a half days the breath of life from God entered them, and they stood on their feet, and terror struck those who saw them. **12** Then they heard a loud voice from heaven saying to them, "Come up here." And they went up to heaven in a cloud, while their enemies looked on.

Jesus says that one will be taken away and the other will be abandoned as a place of protection. The book of Revelation tells us that after three years and six months of witnessing, all of them will be martyred in the war against the beast government, and three and a half days later they will be resurrected and ascend to heaven on the clouds. Jesus says that whoever wants to preserve his life will lose it, and whoever loses it will save it, so the person of faith will go through tribulation.

12. 삼위 하나님

하나님은 영이시기에 사람은 영이신 하나님을 볼 수가 없습니다. 천사는 영체라 사람으로 현현할 수 있습니다. 예수님은 하나님의 품에서 온 인자 외에는 하나님을 본 사람이 없다고 말씀하셨습니다.

요한복음 1:18 본래 하나님을 본 사람이 없으되 아버지 품 속에 있는 독생하신 하나님이 나타내셨느니라

요한복음 6:46 이는 아버지를 본 자가 있다는 것이 아니니라 오직 하나님에게서 온 자만 아버지를 보았느니라

하나님은 한 분이 아니고 복수로 세 분임을 입증해 주는데 왜 한 하나님이라고 할까요?

창세기 1:26 하나님이 이르시되 우리의 형상을 따라 우리의 모양대로 우리가 사람을 만들고 그들로 바다의 물고기와 하늘의 새와 가축과 온 땅과 땅에 기는 모든 것을 다스리게 하자 하시고

12. The Triune God

God is spirit, and man cannot see God who is spirit. Angels are spirit bodies, so they can appear as human beings. Jesus said that no one has ever seen God except the Son of man who came from the bosom of God.

John 1:18 No one has ever seen God, but the one and only Son, who is himself God and is in closest relationship with the Father, has made him known.

John 6:46 No one has seen the Father except the one who is from God; only he has seen the Father.

It proves that there is not one God, but three plural Gods, so why is it called one God?

Genesis 1:26 Then God said, "Let us make mankind in our image, in our likeness, so that they may rule over the fish in the sea and the birds in the sky, over the livestock and all the wild animals, and over all the creatures that move along the ground."

누가복음 3:22 성령이 비둘기 같은 형체로 그(예수님)의 위에 강림하시더니 하늘로부터 소리가 나기를 너는 내 사랑하는 아들이라(성부 하나님의 음성) 내가 너를 기뻐하노라 하시니라

Luke 3:22 and the Holy Spirit descended on him in bodily form like a dove. And a voice came from heaven: "You are my Son, whom I love; with you I am well pleased."

13. 삼위 하나님은 가정에 접목하여 생각하면 이해가 쉽습니다

남녀가 각각이지만 결혼하면 한 몸이라고 합니다. 자녀를 낳으면 분신으로 살붙이로 자기 생명처럼 생각합니다. 가족은 피와 생명으로 하나이기 때문에 아빠와 엄마와 자녀가 각각이지만 한 가족으로 하나이듯이, 이와 같이 성부와 성자와 성령은 각각이시지만 영으로 하나로 한 분이십니다.

13. Triune God is easy to understand if you think of it as being grafted into the family

It is said that men and women are separate, but when they get married, they become one flesh. When you give birth to a child, you think of it as your own life, as an alter ego. A family is one by blood and life, just as father, mother, and children are all separate but one as one family. Likewise, the Father, Son, and Holy Spirit are all separate but one in spirit.

14. 구약은 천사가 하나님의 메신저로 사역했음을 입증해 줍니다

창세기 6:3 여호와께서 이르시되 나의 영이 영원히 사람과 함께하지 아니하리니 이는 그들이 육신이 됨이라

구약의 사람은 아담 이후 범죄함으로 모두가 죄인이고 거룩한 사람이 하나도 없으므로 하나님의 신이 그들 속에 거하실 수 없어서 천사들을 통하여 외적으로 역사하셨습니다. 하나님은 거룩하신 분이고 천사도 거룩하여 사람이 범죄하면 천사가 즉시 떠나고 악신이 역사하였습니다.

사울 왕

사무엘상 18:10-12 그 이튿날 하나님께서 부리시는 악령이 사울에게 힘 있게 내리매 그가 집 안에서 정신없이 떠들어대므로 다윗이 평일과 같이 손으로 수금을 타는데 그때에 사울의 손에 창이 있는지라 그가 스스로 이르기를 내가 다윗을 벽에 박으리라 하고 사울이 그 창을 던졌으나 다윗이 그의 앞에서 두 번 피하였더라 여호와께서 사울을 떠나 다윗과 함께 계시므로 사울이 그를 두려워한지라

14. The Old Testament testifies that angels worked as God's messengers

Genesis 6:3 Then the Lord said, "My Spirit will not contend with humans forever, for they are mortal;

Since the people of the Old Testament sinned after Adam, they were all sinners and none of them were holy, so the Spirit of God could not dwell in them, so He worked externally through angels. God is holy, and angels are also holy, so when a person sins, the angels immediately leave and evil spirits come to work.

King Saul

1 Samuel 18:10-12 10 The next day an evil spirit from God came forcefully on Saul. He was prophesying in his house, while David was playing the lyre, as he usually did. Saul had a spear in his hand 11 and he hurled it, saying to himself, "I'll pin David to the wall." But David eluded him twice. 12 Saul was afraid of David, because the Lord was with David but had departed from Saul.

삼손

사사기 16:17-20 삼손이 진심을 드러내어 그에게 이르되 내 머리 위에는 삭도를 대지 아니하였나니 이는 내가 모태에서부터 하나님의 나실인이 되었음이라 만일 내 머리가 밀리면 내 힘이 내게서 떠나고 나는 약해져서 다른 사람과 같으리라 하니라 들릴라가 삼손이 진심을 다 알려주므로 사람을 보내어 블레셋 사람들의 방백들을 불러 이르되 삼손이 내게 진심을 알려주었으니 이제 한 번만 올라오라 하니 블레셋 방백들이 손에 은을 가지고 그 여인에게로 올라오니라 들릴라가 삼손에게 자기 무릎을 베고 자게 하고 사람을 불러 그의 머리털 일곱 가닥을 밀고 괴롭게 하여 본즉 그의 힘이 없어졌더라 들릴라가 이르되 삼손이여 블레셋 사람이 당신에게 들이닥쳤느니라 하니 삼손이 잠을 깨며 이르기를 내가 전과 같이 나가서 몸을 떨치리라 하였으나 여호와께서 이미 자기를 떠나신 줄을 깨닫지 못하였더라

Samson

Judges 16:17-20 17 So he told her everything. "No razor has ever been used on my head," he said, "because I have been a Nazirite dedicated to God from my mother's womb. If my head were shaved, my strength would leave me, and I would become as weak as any other man." 18 When Delilah saw that he had told her everything, she sent word to the rulers of the Philistines, "Come back once more; he has told me everything." So the rulers of the Philistines returned with the silver in their hands. 19 After putting him to sleep on her lap, she called for someone to shave off the seven braids of his hair, and so began to subdue him. And his strength left him. 20 Then she called, "Samson, the Philistines are upon you!" He awoke from his sleep and thought, "I'll go out as before and shake myself free." But he did not know that the Lord had left him.

14. 구약은 천사가 하나님의 메신저로 사역했음을 입증해 줍니다
14. The Old Testament testifies that angels worked as God's messengers

15. 예수님의 중생, 물세례(침례), 기름 부음(성령의 세례와 성령의 충만)

1) 중생: 예수님은 성령으로 처녀의 몸에 잉태되어 나셨다.

누가복음 1:26-38 천사 가브리엘이 하나님의 보내심을 받아 갈릴리 나사렛이란 동네에 가서 다윗의 자손 요셉이라 하는 사람과 약혼한 처녀에게 이르니 그 처녀의 이름은 마리아라 그에게 들어가 이르되 은혜를 받은 자여 평안할지어다 주께서 너와 함께하시도다 하니 처녀가 그 말을 듣고 놀라 이런 인사가 어찌함인가 생각하매 천사가 이르되 마리아여 무서워하지 말라 네가 하나님께 은혜를 입었느니라 보라 네가 잉태하여 아들을 낳으리니 그 이름을 예수라 하라 그가 큰 자가 되고 지극히 높으신 이의 아들이라 일컬어질 것이요

주 하나님께서 그 조상 다윗의 왕위를 그에게 주시리니 영원히 야곱의 집을 왕으로 다스리실 것이며 그 나라가 무궁하리라 마리아가 천사에게 말하되 나는 남자를 알지 못하니 어찌 이 일이 있으리이까 천사가 대답하여 이르되 성령이 네게 임하시고 지극히 높으신 이의 능력이 너를 덮으시리니 이러므로 나실 바 거룩한 이는 하나님의 아들이라 일컬어지리라 보라 네 친족 엘리사벳도 늙어서 아들을 배었느니라 본래 임신하지 못한다고 알려진 이가 이미 여섯 달이 되었나니 대저 하나님의 모든 말씀은 능하지 못하심이 없느니라 마리아가 이르되 주의 여종이오니 말씀대로 내게 이루어지이다 하매 천사가 떠나가니라

15. The rebirth of Jesus, water baptism, anointing
(baptism of the Holy Spirit and fullness of the Holy Spirit)

1) Rebirth: Jesus was conceived and born of a virgin by the Holy Spirit.

Luke 1:26–38 26 In the sixth month of Elizabeth's pregnancy, God sent the angel Gabriel to Nazareth, a town in Galilee, 27 to a virgin pledged to be married to a man named Joseph, a descendant of David. The virgin's name was Mary. 28 The angel went to her and said, "Greetings, you who are highly favored! The Lord is with you." 29 Mary was greatly troubled at his words and wondered what kind of greeting this might be. 30 But the angel said to her, "Do not be afraid, Mary; you have found favor with God. 31 You will conceive and give birth to a son, and you are to call him Jesus. 32 He will be great and will be called the Son of the Most High. The Lord God will give him the throne of his father David, 33 and he will reign over Jacob's descendants forever; his kingdom will never end." 34 "How will this be," Mary asked the angel, "since I am a virgin?" 35 The angel answered, "The Holy Spirit will come on you, and the power of the Most High will overshadow you. So the holy one to be born will be called the Son of God. 36 Even Elizabeth your relative is going to have a child in her old age, and she who was said to be unable

하나님은 마리아의 자궁을 빌려 성령으로 잉태되어 예수님께서 태어나게 하셨고, 예수님은 인간으로 태어나셔서 30년간 가사 일에 종사하셨습니다.

누가복음 3:23 예수께서 가르치심을 시작하실 때에 삼십 세쯤 되시니라

그리고 30세가 되어 공생애 사역 직전에 세례 요한에게 요단강에서 물세례(침례)를 받으셨습니다.

2) 물세례(침례)
물세례(침례)를 제정하신 분은 누구입니까? 하나님이십니다.

마태복음 3:14-15 요한이 말려 이르되 내가 당신에게서 세례(침례)를 받아야 할 터인데 당신이 내게로 오시나이까 예수께서 대답하여 이르시되 이제 허락하라 우리가 이와 같이 하여 모든 의를 이루는 것이 합당하니라 하시니 이에 요한이 허락하는지라

마태복음 21:25 요한의 세례(침례)가 어디로부터 왔느냐 하늘로부터냐 사람으로부터냐?

to conceive is in her sixth month. **37** For no word from God will ever fail." **38** "I am the Lord's servant," Mary answered. "May your word to me be fulfilled." Then the angel left her.

God borrowed Mary's womb and conceived by the Holy Spirit to give birth to Jesus, and Jesus was born as a human being and engaged in household work for 30 years.

Luke 3:23 Now Jesus himself was about thirty years old when he began his ministry.

At the age of 30, just before his public ministry, he was baptized in water by John the Baptist in the Jordan River.

2) Water Baptism

Who instituted water baptism? God.

Matthew 3:14–15 **14** But John tried to deter him, saying, "I need to be baptized by you, and do you come to me?" **15** Jesus replied, "Let it be so now; it is proper for us to do this to fulfill all righteousness." Then John consented.

Matthew 21:25 John's baptism-where did it come from? Was it from heaven, or of human origin?"

하늘로부터 온 것임을 말합니다.

3) 세례(침례)의 의미: 세례(침례)는 죄인을 장사 지내는 예식입니다.

로마서 6:3-11 무릇 그리스도 예수와 합하여 세례(침례)를 받은 우리는 그의 죽으심과 합하여 세례(침례)를 받은 줄을 알지 못하느냐 그러므로 우리가 그의 죽으심과 합하여 세례(침례)를 받음으로 그와 함께 장사되었나니 이는 아버지의 영광으로 말미암아 그리스도를 죽은 자 가운데서 살리심과 같이 우리로 또한 새 생명 가운데서 행하게 하려 함이라 만일 우리가 그의 죽으심과 같은 모양으로 연합한 자가 되었으면 또한 그의 부활과 같은 모양으로 연합한 자도 되리라 우리가 알거니와 우리의 옛 사람이 예수와 함께 십자가에 못 박힌 것은 죄의 몸이 죽어 다시는 우리가 죄에게 종 노릇 하지 아니하려 함이니 이는 죽은 자가 죄에서 벗어나 의롭다 하심을 얻었음이라 만일 우리가 그리스도와 함께 죽었으면 또한 그와 함께 살 줄을 믿노니 이는 그리스도께서 죽은 자 가운데서 살아나셨으매 다시 죽지 아니하시고 사망이 다시 그를 주장하지 못할 줄을 앎이로라 그가 죽으심은 죄에 대하여 단번에 죽으심이요 그가 살아 계심은 하나님께 대하여 살아 계심이니 이와 같이 너희도 너희 자신을 죄에 대하여는 죽은 자요 그리스도 예수 안에서 하나님께 대하여는 살아 있는 자로 여길지어다

4) 세례(침례) 요한의 예수님에 대한 증거

요한복음 1:29 요한이 예수께서 자기에게 나아오심을 보고 이르되 보라 세상 죄를 지고 가는 하나님의 어린 양이로다

It tells that John's baptism is from heaven.

3) Meaning of Baptism: Baptism is the ceremony of burying a sinner.

Romans 6:3–11 **3** Or don't you know that all of us who were baptized into Christ Jesus were baptized into his death? **4** We were therefore buried with him through baptism into death in order that, just as Christ was raised from the dead through the glory of the Father, we too may live a new life. **5** For if we have been united with him in a death like his, we will certainly also be united with him in a resurrection like his. **6** For we know that our old self was crucified with him so that the body ruled by sin might be done away with, that we should no longer be slaves to sin- **7** because anyone who has died has been set free from sin. **8** Now if we died with Christ, we believe that we will also live with him. **9** For we know that since Christ was raised from the dead, he cannot die again; death no longer has mastery over him. **10** The death he died, he died to sin once for all; but the life he lives, he lives to God. **11** In the same way, count yourselves dead to sin but alive to God in Christ Jesus.

4) John the Baptist's testimony about Jesus:

John 1:29 The next day John saw Jesus coming toward him and said, "Look, the Lamb of God, who takes away the sin of the world!

예수님이 세례(침례)를 받으심은 죄인인 인간을 대표로 흠 없는 어린양으로 십자가에 속죄양으로 제물이 되심을 예표합니다.

마태복음 3:11 나는 너희로 회개하게 하기 위하여 물로 세례(침례)를 베풀거니와 내 뒤에 오시는 이는 나보다 능력이 많으시니 나는 그의 신을 들기도 감당하지 못하겠노라 그는 성령과 불로 너희에게 세례(침례)를 베푸실 것이요

예수님은 물세례를 받으시고(대속으로 십자가에 죽으시고) 부활 승천하셔서 성령을 보내주심으로 성령의 세례와 성령의 충만을 베풀고 불로 심판하실 분임을 증거합니다.

마태복음 12:39-40 예수께서 대답하여 이르시되 악하고 음란한 세대가 표적을 구하나 선지자 요나의 표적밖에는 보일 표적이 없느니라 요나가 밤낮 사흘 동안 큰 물고기 뱃속에 있었던 것같이 인자도 밤낮 사흘 동안 땅속에 있으리라

예수께서 죽으시고 3일 만에 부활하실 것을 예언하십니다.

마태복음 20:28 인자가 온 것은 섬김을 받으려 함이 아니라 도리어 섬기려 하고 자기 목숨을 많은 사람의 대속물로 주려 함이니라

Jesus' baptism foreshadows His baptism as a lamb without blemish and a scapegoat on the cross.

Matthew 3:11 "I baptize you with water for repentance. But after me comes one who is more powerful than I, whose sandals I am not worthy to carry. He will baptize you with the Holy Spirit and fire.

We testify that Jesus was baptized in water (died on the cross as a ransom), was resurrected, ascended to heaven, and sent the Holy Spirit to baptize and fill us with the Holy Spirit and judge us with fire.

Matthew 12:39-40 39 He answered. "A wicked and adulterous generation asks for a sign! But none will be given it except the sign of the prophet Jonah. 40 For as Jonah was three days and three nights in the belly of a huge fish, so the Son of Man will be three days and three nights in the heart of the earth.

There will be Jesus prophesies that he will die and be resurrected three days later.

Matthew 20:28 just as the Son of Man did not come to be served, but to serve, and to give his life as a ransom for many."

5) 성령님 세례: 물세례(침례)를 받으시고 물에서 올라오실새 하늘이 열리고 하나님의 성령이 비둘기같이 내려 예수님 위로 임하셨습니다.

마태복음 3:16 예수께서 세례를 받으시고 곧 물에서 올라오실새 하늘이 열리고 하나님의 성령이 비둘기같이 내려 자기 위에 임하심을 보시더니

증인의 과정으로 물세례(침례)와 성령의 세례를 받으셨습니다.

누가복음 3:21-22 백성이 다 세례를 받을새 예수도 세례를 받으시고 기도하실 때에 하늘이 열리며 성령이 비둘기 같은 형체로 그의 위에 강림하시더니 하늘로부터 소리가 나기를 너는 내 사랑하는 아들이라 내가 너를 기뻐하노라 하시니라

6) 성령님의 충만: 누가복음 4장 1절, 예수께서 성령의 충만함을 입어 요단강에서 돌아오사 광야에서 사십 일 동안 성령에게 이끌리시며 금식을 마치시고 마귀에게 시험을 받으시고 시험을 이긴 후에 마귀가 떠나고 천사들이 나아와서 수종을 들었습니다.

마태복음 4:11 이에 마귀는 예수를 떠나고 천사들이 나아와서 수종 드니라

5) Baptism of the Holy Spirit: After receiving water baptism, Jesus came up out of the water. Heaven opened and he saw the Spirit of God descending like a dove and lighting on him.

Matthew 3:16 As soon as Jesus was baptized, he went up out of the water. At that moment heaven was opened, and he saw the Spirit of God descending like a dove and alighting on him.

He was baptized with water and the baptism of the Holy Spirit in the process of witnessing.

Luke 3:21-22 21 When all the people were being baptized, Jesus was baptized too. And as he was praying, heaven was opened 22 and the Holy Spirit descended on him in bodily form like a dove. And a voice came from heaven: "You are my Son, whom I love; with you I am well pleased."

6) Filled with the Holy Spirit: Luke 4:1 Jesus was filled with the Holy Spirit and returned from the Jordan River, and was led by the Holy Spirit in the wilderness for forty days, and when he had finished fasting, he was tempted by the devil, and after he had overcome the temptation, the devil departed, and the angels came and listened to him.

Matthew 4:11 Then the devil left him, and angels came and attended him.

예수님은 성령의 세례와 충만을 받으시고 사탄의 시험을 이기시고 회당에 들어가 선지자 이사야의 글을 드리거늘 책을 펴서 이렇게 기록된 데를 찾으시니 곧:

누가복음 4:18-21 주의 성령이 내게 임하셨으니 이는 가난한 자에게 복음을 전하게 하시려고 내게 기름을 부으시고 나를 보내사 포로 된 자에게 자유를, 눈먼 자에게 다시 보게 함을 전파하며 눌린 자를 자유롭게 하고 주의 은혜의 해를 전파하게 하려 하심이라 하였더라 책을 덮어 그 맡은 자에게 주시고 앉으시니 회당에 있는 자들이 다 주목하여 보더라 이에 예수께서 그들에게 말씀하시되 이 글이 오늘 너희 귀에 응하였느니라 하시니

예수님은 이사야 선지자의 예언대로 기름 부음인 성령의 세례와 충만을 받으시고 공생애 사역을 시작하심을 선포하셨습니다.

When Jesus was baptized and filled with the Holy Spirit, and overcame Satan's temptations, he went into the synagogue, and presented the writings of the prophet Isaiah, and he opened the book, and found where it is written:

Luke 4:18–21 [18] "The Spirit of the Lord is on me, because he has anointed me to proclaim good news to the poor. He has sent me to proclaim freedom for the prisoners and recovery of sight for the blind, to set the oppressed free, [19] to proclaim the year of the Lord's favor." [20] Then he rolled up the scroll, gave it back to the attendant and sat down. The eyes of everyone in the synagogue were fastened on him. [21] He began by saying to them, "Today this scripture is fulfilled in your hearing."

According to the prophecy of the prophet Isaiah, Jesus received the baptism and filling of the Holy Spirit, which is the anointing, and announced that he would begin his public ministry.

16. 기름 부음 받으면

사도행전 10:38 하나님이 나사렛 예수에게 성령과 능력을 기름 붓듯 하셨으매 그가 두루 다니시며 선한 일을 행하시고 마귀에게 눌린 모든 사람을 고치셨으니 이는 하나님이 함께하셨음이라

고린도후서 1:21 우리를 너희와 함께 그리스도 안에서 굳건하게 하시고 우리에게 기름을 부으신 이는 하나님이시니

요한일서 2:20, 27 너희는 거룩하신 자에게서 기름 부음을 받고 모든 것을 아느니라, 너희는 주께 받은 바 기름 부음이 너희 안에 거하나니 아무도 너희를 가르칠 필요가 없고 오직 그의 기름 부음이 모든 것을 너희에게 가르치며 또 참되고 거짓이 없으니 너희를 가르치신 그대로 주 안에 거하라

요한복음 14:16-17, 25-26 내가 아버지께 구하겠으니 그가 또 다른 보혜사를 너희에게 주사 영원토록 너희와 함께 있게 하리니 그는 진리의 영이라 세상은 능히 그를 받지 못하나니 이는 그를 보지도 못하고 알지도 못함이라 그러나 너희는 그를 아나니 그는 너희와 함께 거하심이요 또 너희 속에 계시겠음이라, 내가 아직 너희와 함께 있어서 이 말

16. When anointed with oil

Acts 10:38 how God anointed Jesus of Nazareth with the Holy Spirit and power, and how he went around doing good and healing all who were under the power of the devil, because God was with him.

2 Corinthians 1:21 Now it is God who makes both us and you stand firm in Christ. He anointed us,

1 John 2:20, 27 [20] But you have an anointing from the Holy One, and all of you know the truth. [27] As for you, the anointing you received from him remains in you, and you do not need anyone to teach you. But as his anointing teaches you about all things and as that anointing is real, not counterfeit-just as it has taught you, remain in him.

John 14:16–17, 25–26 [16] And I will ask the Father, and he will give you another advocate to help you and be with you forever- [17] the Spirit of truth. The world cannot accept him, because it neither sees him nor knows him. But you know him, for he lives with you and will be in you. [25] "All this I have spoken while still

을 너희에게 하였거니와 보혜사 곧 아버지께서 내 이름으로 보내실 성령 그가 너희에게 모든 것을 가르치고 내가 너희에게 말한 모든 것을 생각나게 하리라

요한복음 15:26 내가 아버지께로부터 너희에게 보낼 보혜사 곧 아버지께로부터 나오시는 진리의 성령이 오실 때에 그가 나를 증언하실 것이요

구약의 기름 부음은 제사장, 선지자, 왕에게 부었으나 이는 오실 예수님에 대한 그림자입니다.

히브리서 10:1 율법은 장차 올 좋은 일의 그림자일 뿐이요 참 형상이 아니므로 해마다 늘 드리는 같은 제사로는 나아오는 자들을 언제나 온전하게 할 수 없느니라

예수님은 성령의 세례와 성령의 충만인 권능의 기름 부음을 받아 선지자로 하늘나라를 선포하고 포로된 자를 자유케 하고 눈먼 자를 다시 보게 하고 눌린 자를 자유케 하고 주의 은혜의 해를 전파하시고, 왕의 권세로 사탄의 사망권세와 공중권세와 어둠의 권세를 깨뜨리시고, 제사장으로 흠없는 어린양으로 인류의 죄를 지고 십자가에 죽으심으로 인간의 죄를 대속하여 자신을 십자가에서 제사지내셨습니다.

with you. **26** But the Advocate, the Holy Spirit, whom the Father will send in my name, will teach you all things and will remind you of everything I have said to you.

John 15:26 "When the Advocate comes, whom I will send to you from the Father-the Spirit of truth who goes out from the Father-he will testify about me.

In the Old Testament, the anointing was poured on priests, prophets, and kings, but it was a shadow of the coming Jesus.

Hebrews 10:1 The law is only a shadow of the good things that are coming-not the realities themselves. For this reason it can never, by the same sacrifices repeated endlessly year after year, make perfect those who draw near to worship.

Jesus was anointed with the baptism of the Holy Spirit and the power of the fullness of the Holy Spirit to proclaim the kingdom of heaven as a prophet, to set the captives free, to restore sight to the blind, to set the oppressed free, and to proclaim the acceptable year of the Lord. He broke Satan's power of death, the power of the air, and the power of darkness, and as a priest, he bore the sins of mankind as a blameless lamb and died on the cross to atone for the sins of mankind by offering himself as a sacrifice on the cross.

그러므로 나를 위해 죽으신 예수님을 나의 구세주로 마음으로 믿고 받아들이면 그 즉시로 마귀의 종에서 하나님의 자녀로 신분이 바뀌어 하나님을 아버지로 부르게 되는 놀라운 은혜, 큰 은혜를 입게 됩니다. 예수님은 이 일을 성취하려고 성육신하셨으며, 이를 위해 자신의 목숨을 버리셨습니다.

Therefore, if you believe with your heart and accept Jesus, who died for you, as your savior, your status will immediately change from a servant of the devil to a child of God, and you will receive amazing grace and great grace that will allow you to call God your Father. Jesus was incarnated to accomplish this task and gave up his life for it.

17. 예수님이 육신으로 오셔서 하신 일

육체로 오심과 십자가에 죽으심으로 율법을 폐하고 인간의 죄를 속죄하고 마귀를 멸하셨습니다.

히브리서 2:14-15 자녀들은 혈과 육에 속하였으매 그도 또한 같은 모양으로 혈과 육을 함께 지니심은 죽음을 통하여 죽음의 세력을 잡은 자 곧 마귀를 멸하시며 또 죽기를 무서워하므로 한평생 매여 종 노릇 하는 모든 자들을 놓아주려 하심이니

에베소서 2:14-15 그는 우리의 화평이신지라 둘로 하나를 만드사 원수 된 것 곧 중간에 막힌 담을 자기 육체로 허시고 법조문으로 된 계명의 율법을 폐하셨으니 이는 이 둘로 자기 안에서 한 새 사람을 지어 화평하게 하시고

에베소서 1:7 우리는 그리스도 안에서 그의 은혜의 풍성함을 따라 그의 피로 말미암아 속량 곧 죄 사함을 받았느니라

17. What Jesus Did When He Came in the Flesh

By His coming in the flesh and dying on the cross, He abolished the law, atoned for the sins of mankind, and destroyed the devil.

Hebrews 2:14–15 **14** Since the children have flesh and blood, he too shared in their humanity so that by his death he might break the power of him who holds the power of death—that is, the devil— **15** and free those who all their lives were held in slavery by their fear of death.

Ephesians 2:14–15 **14** For he himself is our peace, who has made the two groups one and has destroyed the barrier, the dividing wall of hostility, **15** by setting aside in his flesh the law with its commands and regulations. His purpose was to create in himself one new humanity out of the two, thus making peace.

Ephesians 1:7 In him we have redemption through his blood, the forgiveness of sins, in accordance with the riches of God's grace.

18. 예수님의 부활과 승천

요한복음 11:25 예수께서 이르시되 나는 부활이요 생명이니 나를 믿는 자는 죽어도 살겠고

로마서 6:5 만일 우리가 그의 죽으심과 같은 모양으로 연합한 자가 되었으면 또한 그의 부활과 같은 모양으로 연합한 자도 되리라

사도행전 1:9 이 말씀을 마치시고 그들이 보는데 올려져 가시니 구름이 그를 가리어 보이지 않게 하더라

18. Jesus' Resurrection and Ascension

John 11:25 Jesus said to her, "I am the resurrection and the life. The one who believes in me will live, even though they die;

Romans 6:5 For if we have been united with him in a death like his, we will certainly also be united with him in a resurrection like his.

Acts 1:9 After he said this, he was taken up before their very eyes, and a cloud hid him from their sight.

19. 성령님을 보내주실 것을 약속하심

요한복음 16:7-8, 13 그러나 내가 너희에게 실상을 말하노니 내가 떠나가는 것이 너희에게 유익이라 내가 떠나가지 아니하면 보혜사가 너희에게로 오시지 아니할 것이요 가면 내가 그를 너희에게로 보내리니 그가 와서 죄에 대하여, 의에 대하여, 심판에 대하여 세상을 책망하시리라, 그러나 진리의 성령이 오시면 그가 너희를 모든 진리 가운데로 인도하시리니 그가 스스로 말하지 않고 오직 들은 것을 말하며 장래 일을 너희에게 알리시리라

19. He Promised to send the Holy Spirit

John 16:7-8, 13 ⁷ But very truly I tell you, it is for your good that I am going away. Unless I go away, the Advocate will not come to you; but if I go, I will send him to you. ⁸ When he comes, he will prove the world to be in the wrong about sin and righteousness and judgment: ¹³ But when he, the Spirit of truth, comes, he will guide you into all the truth. He will not speak on his own; he will speak only what he hears, and he will tell you what is yet to come.

20. 성령님의 세례는 아버지의 약속이자 주님의 유언 명령

마태복음 3:11 내 뒤에 오시는 이는 나보다 능력이 많으시니 나는 그의 신을 들기도 감당하지 못하겠노라 그는 성령과 불로 너희에게 세례를 베푸실 것이요

마가복음 1:8 나는 너희에게 물로 세례를 베풀었거니와 그는 너희에게 성령으로 세례를 베푸시리라

누가복음 3:16 그는 성령과 불로 너희에게 세례를 베푸실 것이요

사도행전 1:4-5 사도와 함께 모이사 그들에게 분부하여 이르시되 예루살렘을 떠나지 말고 내게서 들은 바 아버지께서 약속하신 것을 기다리라 요한은 물로 세례를 베풀었으나 너희는 몇 날이 못 되어 성령으로 세례를 받으리라 하셨느니라

20. The baptism of the Holy Spirit is the promise of the Father and the testamentary command of the Lord

Matthew 3:11 But after me comes one who is more powerful than I, whose sandals I am not worthy to carry. He will baptize you with the Holy Spirit and fire.

Mark 1:8 I baptize you with water, but he will baptize you with the Holy Spirit."

Luke 3:16 He will baptize you with the Holy Spirit and fire.

Acts 1:4–5 [4] On one occasion, while he was eating with them, he gave them this command: "Do not leave Jerusalem, but wait for the gift my Father promised, which you have heard me speak about. [5] For John baptized with water, but in a few days you will be baptized with the Holy Spirit."

21. 성령님 세례와 충만의 기름 부으심으로 증인을 세우십니다

사도행전 1:8 오직 성령이 너희에게 임하시면 너희가 권능을 받고 예루살렘과 온 유대와 사마리아와 땅 끝까지 이르러 내 증인이 되리라 하시니라

21. The baptism and fullness of the Holy Spirit establishes witnesses by the anointing

Acts 1:8 But you will receive power when the Holy Spirit comes on you; and you will be my witnesses in Jerusalem, and in all Judea and Samaria, and to the ends of the earth."

22. 은혜시대 성령님 사역

1) 중생의 사역: 물과 성령으로 나야 하나님의 나라에 들어갈 수 있다.
요한복음 3:5 예수께서 대답하시되 진실로 진실로 네게 이르노니 사람이 물과 성령으로 나지 아니하면 하나님의 나라에 들어갈 수 없느니라

사도행전 8:5-16 빌립이 사마리아 성에 내려가 그리스도를 백성에게 전파하니 무리가 빌립의 말도 듣고 행하는 표적도 보고 한마음으로 그가 하는 말을 따르더라 많은 사람에게 붙었던 더러운 귀신들이 크게 소리를 지르며 나가고 또 많은 중풍병자와 못 걷는 사람이 나으니 그 성에 큰 기쁨이 있더라

그 성에 시몬이라 하는 사람이 전부터 있어 마술을 행하여 사마리아 백성을 놀라게 하며 자칭 큰 자라 하니 낮은 사람부터 높은 사람까지 다 따르며 이르되 이 사람은 크다 일컫는 하나님의 능력이라 하더라 오랫동안 그 마술에 놀랐으므로 그들이 따르더니 빌립이 하나님 나라와 및 예수 그리스도의 이름에 관하여 전도함을 그들이 믿고 남녀가 다 세례를 받으니

시몬도 믿고 세례를 받은 후에 전심으로 빌립을 따라다니며 그 나타나는 표적과 큰 능력을 보고 놀라니라 예루살렘에 있는 사도들이 사마리아도 하나님의 말씀을 받았다 함을 듣고 베드로와 요한을 보내매 그

22. The Work of the Holy Spirit in the Age of Grace

1) The work of rebirth: Only those born of water and the Holy Spirit can enter the kingdom of God.

John 3:5 Jesus answered, "Very truly I tell you, no one can enter the kingdom of God unless they are born of water and the Spirit.

Acts 8:5–16 5 Philip went down to a city in Samaria and proclaimed the Messiah there. 6 When the crowds heard Philip and saw the signs he performed, they all paid close attention to what he said. 7 For with shrieks, impure spirits came out of many, and many who were paralyzed or lame were healed. 8 So there was great joy in that city.

9 Now for some time a man named Simon had practiced sorcery in the city and amazed all the people of Samaria. He boasted that he was someone great, 10 and all the people, both high and low, gave him their attention and exclaimed, "This man is rightly called the Great Power of God." 11 They followed him because he had amazed them for a long time with his sorcery. 12 But when they believed Philip as he proclaimed the good news of the kingdom of God and the name

들이 내려가서 그들을 위하여 성령 받기를 기도하니 이는 아직 한 사람에게도 성령 내리신 일이 없고 오직 주 예수의 이름으로 세례만 받을 뿐이더라

사도행전 19:1-5 아볼로가 고린도에 있을 때에 바울이 윗지방으로 다녀 에베소에 와서 어떤 제자들을 만나 이르되 너희가 믿을 때에 성령을 받았느냐 이르되 아니라 우리는 성령이 계심도 듣지 못하였노라 바울이 이르되 그러면 너희가 무슨 세례를 받았느냐 대답하되 요한의 세례니라 바울이 이르되 요한이 회개의 세례를 베풀며 백성에게 말하되 내 뒤에 오시는 이를 믿으라 하였으니 이는 곧 예수라 하거늘 그들이 듣고 주 예수의 이름으로 세례를 받으니

2) 성령님의 세례: 위로부터 능력을 입는 역사, 일시적인 성령 충만 체험 1회적인 사건

사도행전 2:1-4 오순절 날이 이미 이르매 그들이 다 같이 한 곳에 모였더니 홀연히 하늘로부터 급하고 강한 바람 같은 소리가 있어 그들

of Jesus Christ, they were baptized, both men and women. **13** Simon himself believed and was baptized. And he followed Philip everywhere, astonished by the great signs and miracles he saw. **14** When the apostles in Jerusalem heard that Samaria had accepted the word of God, they sent Peter and John to Samaria. **15** When they arrived, they prayed for the new believers there that they might receive the Holy Spirit, **16** because the Holy Spirit had not yet come on any of them; they had simply been baptized in the name of the Lord Jesus.

Acts 19:1–5 **1** While Apollos was at Corinth, Paul took the road through the interior and arrived at Ephesus. There he found some disciples **2** and asked them, "Did you receive the Holy Spirit when you believed?" They answered, "No, we have not even heard that there is a Holy Spirit." **3** So Paul asked, "Then what baptism did you receive?" "John's baptism," they replied. **4** Paul said, "John's baptism was a baptism of repentance. He told the people to believe in the one coming after him, that is, in Jesus." **5** On hearing this, they were baptized in the name of the Lord Jesus.

2) The Baptism of the Holy Spirit: The Work of Receiving Power from Above, a Temporary Spirit-Filled Experience A One-Time Event

Acts 2:1–4 When the day of Pentecost came, they were all

이 앉은 온 집에 가득하며 마치 불의 혀처럼 갈라지는 것들이 그들에게 보여 각 사람 위에 하나씩 임하여 있더니 그들이 다 성령의 충만함을 받고 성령이 말하게 하심을 따라 다른 언어들로 말하기를 시작하니라

사도행전 8:14-17 예루살렘에 있는 사도들이 사마리아도 하나님의 말씀을 받았다 함을 듣고 베드로와 요한을 보내매 그들이 내려가서 그들을 위하여 성령 받기를 기도하니 이는 아직 한 사람에게도 성령 내리신 일이 없고 오직 주 예수의 이름으로 세례만 받을 뿐이더라 이에 두 사도가 그들에게 안수하매 성령을 받는지라

사도행전 9:17-19 아나니아가 떠나 그 집에 들어가서 그에게 안수하여 이르되 형제 사울아 주 곧 네가 오는 길에서 나타나셨던 예수께서 나를 보내어 너로 다시 보게 하시고 성령으로 충만하게 하신다 하니 즉시 사울의 눈에서 비늘 같은 것이 벗어져 다시 보게 된지라 일어나 세례를 받고 음식을 먹으매 강건하여지니라 사울이 다메섹에 있는 제자들과 함께 며칠 있을새

together in one place. **2** Suddenly a sound like the blowing of a violent wind came from heaven and filled the whole house where they were sitting. **3** They saw what seemed to be tongues of fire that separated and came to rest on each of them. **4** All of them were filled with the Holy Spirit and began to speak in other tongues as the Spirit enabled them.

Acts 8:14–17 **14** When the apostles in Jerusalem heard that Samaria had accepted the word of God, they sent Peter and John to Samaria. **15** When they arrived, they prayed for the new believers there that they might receive the Holy Spirit, **16** because the Holy Spirit had not yet come on any of them; they had simply been baptized in the name of the Lord Jesus. **17** Then Peter and John placed their hands on them, and they received the Holy Spirit.

Acts 9:17–19 **17** Then Ananias went to the house and entered it. Placing his hands on Saul, he said, "Brother Saul, the Lord—Jesus, who appeared to you on the road as you were coming here—has sent me so that you may see again and be filled with the Holy Spirit." **18** Immediately, something like scales fell from Saul's eyes, and he could see again. He got up and was baptized, **19** and after taking some food, he regained his strength. Saul spent several days with the disciples in Damascus.

사도행전 10:44-48 베드로가 이 말을 할 때에 성령이 말씀 듣는 모든 사람에게 내려오시니 베드로와 함께 온 할례 받은 신자들이 이방인들에게도 성령 부어 주심으로 말미암아 놀라니 이는 방언을 말하며 하나님 높임을 들음이라 이에 베드로가 이르되 이 사람들이 우리와 같이 성령을 받았으니 누가 능히 물로 세례 베풂을 금하리요 하고 명하여 예수 그리스도의 이름으로 세례를 베풀라 하니라 그들이 베드로에게 며칠 더 머물기를 청하니라

사도행전 11:15-16 내가 말을 시작할 때에 성령이 그들에게 임하시기를 처음 우리에게 하신 것과 같이 하는지라 내가 주의 말씀에 요한은 물로 세례를 베풀었으나 너희는 성령으로 세례를 받으리라 하신 것이 생각났노라

사도행전 19:1-7 아볼로가 고린도에 있을 때에 바울이 윗지방으로 다녀 에베소에 와서 어떤 제자들을 만나 이르되 너희가 믿을 때에 성령을 받았느냐 이르되 아니라 우리는 성령이 계심도 듣지 못하였노라 바울이 이르되 그러면 너희가 무슨 세례를 받았느냐 대답하되 요한의 세례니라 바울이 이르되 요한이 회개의 세례를 베풀며 백성에게 말하되 내 뒤에 오시는 이를 믿으라 하였으니 이는 곧 예수라 하거늘 그들이 듣고 주 예수의 이름으로 세례를 받으니 바울이 그들에게 안수하매 성령이 그들에게 임하시므로 방언도 하고 예언도 하니 모두 열두 사람쯤 되니라

Acts 10:44–48 **44** While Peter was still speaking these words, the Holy Spirit came on all who heard the message. **45** The circumcised believers who had come with Peter were astonished that the gift of the Holy Spirit had been poured out even on Gentiles. **46** For they heard them speaking in tongues and praising God. Then Peter said, **47** "Surely no one can stand in the way of their being baptized with water. They have received the Holy Spirit just as we have." **48** So he ordered that they be baptized in the name of Jesus Christ. Then they asked Peter to stay with them for a few days.

Acts 11:15–16 **15** "As I began to speak, the Holy Spirit came on them as he had come on us at the beginning. **16** Then I remembered what the Lord had said: 'John baptized with water, but you will be baptized with the Holy Spirit.'

Acts 19:1–7 While Apollos was at Corinth, Paul took the road through the interior and arrived at Ephesus. There he found some disciples **2** and asked them, "Did you receive the Holy Spirit when you believed?" They answered, "No, we have not even heard that there is a Holy Spirit." **3** So Paul asked, "Then what baptism did you receive?" "John's baptism," they replied. **4** Paul said, "John's baptism was a baptism of repentance. He told the people to believe in the one coming after him, that is, in Jesus." **5** On hearing this, they were baptized in the name of the Lord Jesus.

성령의 세례는 '임하여 있더니, 받고, 받는지라, 내려오시니, 임하시기를, 임하시므로' 표현하는 말씀을 보면 우리 몸 밖에서 일어나며 하늘에서 우리 몸으로 위에서 아래로 임하는 것으로 체험을 동반함을 알 수 있습니다. 이는 외적 충만입니다.

3) 성령님의 충만: 계속적, 반복적으로 능력을 입는 역사, 성령님 충만의 사건

사도행전 2:4 그들이 다 성령의 충만함을 받고 성령이 말하게 하심을 따라 다른 언어들로 말하기를 시작하니라

사도행전 4:8 이에 베드로가 성령이 충만하여 이르되

사도행전 4:31 빌기를 다하매 모인 곳이 진동하더니 무리가 다 성령이 충만하여 담대히 하나님의 말씀을 전하니라

베드로는 세 번 성령님으로 충만했고, 요한은 두 번 성령님으로 충만했습니다.

6 When Paul placed his hands on them, the Holy Spirit came on them, and they spoke in tongues and prophesied. **7** There were about twelve men in all.

The baptism of the Holy Spirit occurs outside our bodies and is accompanied by an experience as it comes down from heaven and into our bodies from the top down, as it is expressed in words such as 'He came, received, received, came down, came, came, came.' there is. This is external fullness.

3) Filling of the Holy Spirit: The history of receiving power continuously and repeatedly, the event of being filled with the Holy Spirit

Acts 2:4 All of them were filled with the Holy Spirit and began to speak in other tongues as the Spirit enabled them.

Acts 4:8 Then Peter, filled with the Holy Spirit, said to them:

Acts 4:31 After they prayed, the place where they were meeting was shaken. And they were all filled with the Holy Spirit and spoke the word of God boldly.

Peter was filled with the Holy Spirit three times, and John was filled with the Holy Spirit twice.

사도행전 7:55 스데반이 성령 충만하여 하늘을 우러러 주목하여 하나님의 영광과 및 예수께서 하나님 우편에 서신 것을 보고

스데반은 두 번 성령님으로 충만했습니다.

사도행전 9:17 아나니아가 떠나 그 집에 들어가서 그에게 안수하여 이르되 형제 사울아 주 곧 네가 오는 길에서 나타나셨던 예수께서 나를 보내어 너로 다시 보게 하시고 성령으로 충만하게 하신다 하니

사울은 한 번 성령님의 충만을 받았으며,

사도행전 11:24 바나바는 착한 사람이요 성령과 믿음이 충만한 사람이라 이에 큰 무리가 주께 더하여지더라

바나바는 두 번 성령님의 충만을 받았으며,

사도행전 13:9 바울이라고 하는 사울이 성령이 충만하여 그를 주목하고

사울이 두 번째 성령님의 충만을 받고,

사도행전 13:52 제자들은 기쁨과 성령이 충만하니라

Acts 7:55 But Stephen, full of the Holy Spirit, looked up to heaven and saw the glory of God, and Jesus standing at the right hand of God.

Stephen was filled with the Holy Spirit twice.

Acts 9:17 Then Ananias went to the house and entered it. Placing his hands on Saul, he said, "Brother Saul, the Lord—Jesus, who appeared to you on the road as you were coming here—as sent me so that you may see again and be filled with the Holy Spirit."

Saul was filled with the Holy Spirit once,

Acts 11:24 He was a good man, full of the Holy Spirit and faith, and a great number of people were brought to the Lord.

Barnabas was filled with the Holy Spirit twice,

Acts 13:9 Then Saul, who was also called Paul, filled with the Holy Spirit, looked straight at Elymas and said,

Saul is filled with the Holy Spirit for the second time,

Acts 13:52 And the disciples were filled with joy and with the

사울과 바나바가 세 번째 성령님으로 충만 받았으며,

바울은
에베소서 5:18 술 취하지 말라 이는 방탕한 것이니 오직 성령으로 충만함을 받으라

성령의 계속적인 충만을 받으라고 말함으로, 성령님의 충만이 반복적인 사건임을 말해주고 있습니다. 이는 외적 내적인 충만을 말합니다.

Holy Spirit.

Saul and Barnabas were filled with the Holy Spirit for the third time.

Paul

Ephesians 5:18 Do not get drunk on wine, which leads to debauchery. Instead, be filled with the Spirit.

Tells us to be continuouslly filled with the Holy Spirit, showing that being filled with the Holy Spirit is a repetitive event. This refers to external and internal fulfillment.

23. 3가지 성령님의 역사 구분

1) **성령님으로 거듭남(중생)**: 중생의 사건인 거듭남은 예수님을 믿음으로 성령님으로 새 생명으로 태어나는 것을 말합니다.

사도행전 8:14-17 예루살렘에 있는 사도들이 사마리아도 하나님의 말씀을 받았다 함을 듣고 베드로와 요한을 보내매 그들이 내려가서 그들을 위하여 성령 받기를 기도하니 이는 아직 한 사람에게도 성령 내리신 일이 없고 오직 주 예수의 이름으로 세례만 받을 뿐이더라(중생을 말함) 이에 두 사도가 그들에게 안수하매 성령을 받는지라

사도행전 19:1-7 아볼로가 고린도에 있을 때에 바울이 윗지방으로 다녀 에베소에 와서 어떤 제자들을 만나 이르되 너희가 믿을 때에 성령을 받았느냐 이르되 아니라 우리는 성령이 계심도 듣지 못하였노라 바울이 이르되 그러면 너희가 무슨 세례를 받았느냐 대답하되 요한의 세례니라 바울이 이르되 요한이 회개의 세례를 베풀며 백성에게 말하되 내 뒤에 오시는 이를 믿으라 하였으니 이는 곧 예수라(중생을 말함) 하거늘 그들이 듣고 주 예수의 이름으로 세례를 받으니 바울이 그들에게 안수하매 성령이 그들에게 임하시므로 방언도 하고 예언도 하니 모두 열두 사람쯤 되니라

23. Three types of the Holy Spirit's work

1) Being born again by the Holy Spirit: Rebirth, which is the event of regeneration, refers to being born into a new life through the Holy Spirit through faith in Jesus.

Acts 8:14–17 14 When the apostles in Jerusalem heard that Samaria had accepted the word of God, they sent Peter and John to Samaria. 15 When they arrived, they prayed for the new believers there that they might receive the Holy Spirit, 16 because the Holy Spirit had not yet come on any of them; they had simply been baptized in the name of the Lord Jesus. 17 Then Peter and John placed their hands on them, and they received the Holy Spirit.

Acts 19:1–7 While Apollos was at Corinth, Paul took the road through the interior and arrived at Ephesus. There he found some disciples 2 and asked them, "Did you receive the Holy Spirit when you believed?" They answered, "No, we have not even heard that there is a Holy Spirit." 3 So Paul asked, "Then what baptism did you receive?" "John's baptism," they replied. 4 Paul said, "John's baptism was a baptism of repentance. He told the people to believe in the one coming after him, that is, in Jesus." 5 On hearing this, they were baptized in the name of the Lord Jesus.

고린도전서 12:3 성령으로 아니하고는 누구든지 예수를 주시라 할 수 없느니라(중생을 말함)

로마서 8:15 너희는 다시 무서워하는 종의 영을 받지 아니하고 양자의 영을 받았으므로 우리가 아빠 아버지라고 부르짖느니라(중생을 말함)

갈라디아서 4:6 너희가 아들이므로 하나님이 그 아들의 영을 우리 마음 가운데 보내사 아빠 아버지라 부르게 하셨느니라(중생을 말함)

중생한 사람의 삶(육신적인 옛 구습을 버리지 못함) — 내적, 외적인 변화를 받지 못한 영적 신생의 상태임

갈라디아서 5:19-21 육체의 일은 분명하니 곧 음행과 더러운 것과 호색과 우상 숭배와 주술과 원수 맺는 것과 분쟁과 시기와 분냄과 당 짓는 것과 분열함과 이단과 투기와 술 취함과 방탕함과 또 그와 같은 것들이라 전에 너희에게 경계한 것같이 경계하노니 이런 일을 하는 자들은 하나님의 나라를 유업으로 받지 못할 것이요

6 When Paul placed his hands on them, the Holy Spirit came on them, and they spoke in tongues and prophesied. **7** There were about twelve men in all.

1 Corinthians 12:3 no one can say, "Jesus is Lord," except by the Holy Spirit.

Romans 8:15 The Spirit you received does not make you slaves, so that you live in fear again; rather, the Spirit you received brought about your adoption to sonship. And by him we cry, "Abba, Father."

Galatians 4:6 Because you are his sons, God sent the Spirit of his Son into our hearts, the Spirit who calls out, "Abba, Father."

The life of a reborn person (unable to let go of old physical habits) — It is a state of spiritual rebirth that has not undergone internal or external changes.

Galatians 5:19-21 **19** The acts of the flesh are obvious: sexual immorality, impurity and debauchery; **20** idolatry and witchcraft; hatred, discord, jealousy, fits of rage, selfish ambition, dissensions, factions **21** and envy; drunkenness, orgies, and the like. I warn you, as I did before, that those who live like this will not inherit the kingdom of God.

술 먹고 담배 피우고 음행하면 성전을 더럽히는 것으로 살아 생전에 회개하고 끊지 못하면 멸하심을 받습니다.

고린도전서 3:17 누구든지 하나님의 성전을 더럽히면 하나님이 그 사람을 멸하시리라 하나님의 성전은 거룩하니 너희도 그러하니라

2) 성령님의 세례

성령님의 세례

사도행전 1:4-5 사도와 함께 모이사 그들에게 분부하여 이르시되 예루살렘을 떠나지 말고 내게서 들은 바 아버지께서 약속하신 것을 기다리라 요한은 물로 세례를 베풀었으나 너희는 몇 날이 못 되어 성령으로 세례를 받으리라 하셨느니라

성령님 세례는 1회적인 사건

사도행전 2:2-3 홀연히 하늘로부터 급하고 강한 바람 같은 소리가 있어 그들이 앉은 온 집에 가득하며 마치 불의 혀처럼 갈라지는 것들이 그들에게 보여 각 사람 위에 하나씩 임하여 있더니

If you drink, smoke, or commit fornication, you are defiling the temple, and if you do not repent and quit while you are alive, you will be destroyed.

1 Corinthians 3:17 If anyone destroys God's temple, God will destroy that person; for God's temple is sacred, and you together are that temple.

2) The Baptism of the Holy Spirit

Baptism of the Holy Spirit:

Acts 1:4–5 4 On one occasion, while he was eating with them, he gave them this command: "Do not leave Jerusalem, but wait for the gift my Father promised, which you have heard me speak about. 5 For John baptized with water, but in a few days you will be baptized with the Holy Spirit."

The baptism of the Holy Spirit is a one—time event:

Acts 2:2–3 2 Suddenly a sound like the blowing of a violent wind came from heaven and filled the whole house where they were sitting. 3 They saw what seemed to be tongues of fire that separated and came to rest on each cf them.

성령님의 세례는 외적인 역사로 은사가 나타나며, 내적인 성품의 변화 없이 성질대로 예수님을 믿고 능력을 행합니다.

성령님의 세례를 받은 사람의 삶은 본성이 변화받지 못함으로 혼의 역사가 강해 능력 행함과 자기 과시, 자기의 영광을 구해 타락하기 쉽습니다. 이에 대하여 예수님께서 말씀하셨습니다.

마태복음 7:21-23 나더러 주여 주여 하는 자마다 다 천국에 들어갈 것이 아니요 다만 하늘에 계신 내 아버지의 뜻대로 행하는 자라야 들어가리라 그날에 많은 사람이 나더러 이르되 주여 주여 우리가 주의 이름으로 선지자 노릇 하며 주의 이름으로 귀신을 쫓아내며 주의 이름으로 많은 권능을 행하지 아니하였나이까 하리니 그때에 내가 그들에게 밝히 말하되 내가 너희를 도무지 알지 못하니 불법을 행하는 자들아 내게서 떠나가라 하리라

3) 성령님의 충만

성령님의 충만: 성령 충만은 반복적임

사도행전 2:4 그들이 다 성령의 충만함을 받고 성령이 말하게 하심을 따라 다른 언어들로 말하기를 시작하니라

The baptism of the Holy Spirit is an outward manifestation of the gifts, and without any change in the inward disposition, the person believes in Jesus and acts with power.

The life of a person who has been baptized by the Holy Spirit because the nature is not changed, the work of the soul is strong, and it is easy to fall by seeking power works, self—aggrandizement, and self—glory. Jesus spoke about this.

Matthew 7:21–23 21 "Not everyone who says to me, 'Lord, Lord,' will enter the kingdom of heaven, but only the one who does the will of my Father who is in heaven. 22 Many will say to me on that day, 'Lord, Lord, did we not prophesy in your name and in your name drive out demons and in your name perform many miracles?' 23 Then I will tell them plainly, 'I never knew you. Away from me, you evildoers!'

3) Filling of the Holy Spirit

Filling with the Holy Spirit: Being filled with the Holy Spirit is repetitive.

Acts 2:4 All of them were filled with the Holy Spirit and began to speak in other tongues[a] as the Spirit enabled them.

사도행전 4:8 이에 베드로가 성령이 충만하여 이르되 백성의 관리들과 장로들아

사도행전 4:31 빌기를 다하매 모인 곳이 진동하더니 무리가 다 성령이 충만하여 담대히 하나님의 말씀을 전하니라

사도행전 7:55 스데반이 성령 충만하여 하늘을 우러러 주목하여 하나님의 영광과 및 예수께서 하나님 우편에 서신 것을 보고

사도행전 9:17 아나니아가 떠나 그 집에 들어가서 그에게 안수하여 이르되 형제 사울아 주 곧 네가 오는 길에서 나타나셨던 예수께서 나를 보내어 너로 다시 보게 하시고 성령으로 충만하게 하신다 하니

사도행전 13:9 바울이라고 하는 사울이 성령이 충만하여 그를 주목하고

사도행전 13:52 제자들은 기쁨과 성령이 충만하니라

베드로, 요한 두 번 이상, 스데반 두 번, 바나바 세 번, 바울 세 번 이상 반복적 성령 충만을 받음, 은사와 열매가 나타나며 성령 충만한 사람의 삶은 내적, 외적 변화를 받아 예수님의 성품이 나타납니다. 반복적으로 성령님의 충만을 받은 사람은 성령님의 지배 안에서

Acts 4:8 Then Peter, filled with the Holy Spirit, said to them: "Rulers and elders of the people!

Acts 4:31 After they prayed, the place where they were meeting was shaken. And they were all filled with the Holy Spirit and spoke the word of God boldly.

Acts 7:55 But Stephen, full of the Holy Spirit, looked up to heaven and saw the glory of God, and Jesus standing at the right hand of God.

Acts 9:17 Then Ananias went to the house and entered it. Placing his hands on Saul, he said, "Brother Saul, the Lord—Jesus, who appeared to you on the road as you were coming here—has sent me so that you may see again and be filled with the Holy Spirit."

Acts 13:9 Then Saul, who was also called Paul, filled with the Holy Spirit, looked straight at Elymas and said,

Acts 13:52 And the disciples were filled with joy and with the Holy Spirit.

Peter and John more than twice, Stephen twice, Barnabas three times and Paul repeatedly being filled with the Holy Spirit more than three times. Gifts and fruits appear, and the life of a

오직 하나님의 영광을 구하고, 하나님의 뜻대로, 믿음으로, 성령님을 좇아 행합니다.

고린도전서 13:4-7 사랑은 오래 참고 사랑은 온유하며 시기하지 아니하며 사랑은 자랑하지 아니하며 교만하지 아니하며 무례히 행하지 아니하며 자기의 유익을 구하지 아니하며 성내지 아니하며 악한 것을 생각하지 아니하며 불의를 기뻐하지 아니하며 진리와 함께 기뻐하고 모든 것을 참으며 모든 것을 믿으며 모든 것을 바라며 모든 것을 견디느니라

요한복음 4장 23절 말씀과 같이 성령과 진리로 예배드리는 삶을 삽니다.

갈라디아서 5:22-23 오직 성령의 열매는 사랑과 희락과 화평과 오래 참음과 자비와 양선과 충성과 온유와 절제니

4) 성령님의 열매와 은사
예수 그리스도의 나무는 좋은 나무로 아름다운 열매를 맺습니다. 은사는 생명으로 38가지 은사가 있습니다. 모든 은사는 예수 그리스도의 증거, 나타남, 영혼 구원과 덕을 세움에 최우선해야 합니다. 이를 위배하면 불법을 행하는 자가 됩니다.

person filled with the Holy Spirit undergoes internal and external changes, revealing the character of Jesus. A person who has been repeatedly filled with the Holy Spirit seeks only the glory of God under the control of the Holy Spirit and acts according to God's will, by faith, and according to the Holy Spirit.

1 Corinthians 13:4-7 4 Love is patient, love is kind. It does not envy, it does not boast, it is not proud. 5 It does not dishonor others, it is not self—seeking, it is not easily angered, it keeps no record of wrongs. 6 Love does not delight in evil but rejoices with the truth. 7 It always protects, always trusts, always hopes, always perseveres.

As John 4:23 says, we live a life of worship with the Holy Spirit and truth.

Galatians 5:22-23 22 But the fruit of the Spirit is love, joy, peace, forbearance, kindness, goodness, faithfulness, 23 gentleness and self—control. Against such things there is no law.

4) The Fruits and Gifts of the Holy Spirit

The tree of Jesus Christ is a good tree that bears beautiful fruit. The gifts are life, and there are 38 gifts. Every gift should be given primary to the testimony of Jesus Christ, to the manifestation, to the salvation of souls, and to edify oneself.

(1) 선택적 은사: 사도(예수님 선택), 순교(본인 선택)

(2) 기능적 은사: 지혜, 지식, 영 분별, 믿음, 능력 행함(기적), 병 고침, 예언, 방언, 통변

(3) 사역적 은사: 목사, 선교사, 교사, 전도자, 지도자, 행정, 상담, 권면, 돕는 일

(4) 실용적 은사: 긍휼, 냄새 못 맡음, 독신, 대접, 망각, 섬김, 솜씨, 암기, 임종(임종 직전에 있는 사람을 하나님께 인도하는 은사), 중보기도, 찬양, 청빈, 축사, 환상, 향기, 헌금, 해몽, 투시

성령의 열매는 오직 하나입니다. 사과나무에 사과만 달리듯이 예수님의 나무에는 오직 예수님의 열매만 달립니다. 오직 예수님 닮은 증인이 나오는 것입니다. 다만 그 맛(성품)이 9가지로 나타나는 것입니다. 이는 그리스도의 성품입니다. 사랑, 희락, 화평, 오래 참음, 자비, 양선, 충성, 온유, 절제, 모든 그리스도인에게는 이런 성품이 나타납니다.

Violators are practitioners of iniquity.

(1) optional gift: Apostle(Chosen by Jesus), Martyrdom(your choice)

(2) Functional gifts: wisdom, knowledge, discernment of spirits, faith, miracles of power, healing, prophecy, speaking in tongues, and eloquence

(3) Ministerial gifts: pastors, missionaries, teachers, evangelists, leaders, administrators, counselors, exhortations, and helpers

(4) Practical gifts: compassion, inability to smell, celibacy, hospitality, forgetting, service, skill, memorization, deathbed (Deathed refers to the gift of leading a person who is on the verge of death to God), intercession, praise, poverty, benediction, vision, incense, offering, interpretation, clairvoyance

There is only one fruit of the Spirit. Just as the apple tree bears only the fruit of Jesus, the tree of Jesus bears only the fruit of Jesus. Only a witness who resembles Jesus will come out. However, it manifests itself in nine flavors(dispositions). This is the character of Christ. Love, joy, peace, long—suffering, kindness, goodness, faithfulness, gentleness, self—control—these qualities are manifested in all Christians.

24. 성령님의 세례와 충만인 기름 부음을 받으려면?

아버지의 약속이자 예수님의 마지막 유언 명령은 성령님의 세례와 충만으로 기름 부음 받은 그리스도을 증인으로 세우는 것입니다. 기름 부음 받아야 2000년 전 십자가 사건이 시공간을 초월하는 성령님을 통해 나의 가슴에 현재 나의 사건으로 경험되어 목격자로서 담대하게 왕, 선지자, 제사장으로 순교하는 그리스도의 증인이 될 수 있습니다. 순교는 잠자고 일어나면 주님 품에서 일어나는 것과 같습니다. 순교는 주님 품으로 가는 길입니다.

1) 예수님을 십자가에 못 박아 죽인 장본인이 본인임을 깊이 깨닫고 가슴을 치는 회개가 있어야 합니다.

사도행전 2:36-38 그런즉 이스라엘 온 집은 확실히 알지니 너희가 십자가에 못 박은 이 예수를 하나님이 주와 그리스도가 되게 하셨느니라 하니라 그들이 이 말을 듣고 마음에 찔려 베드로와 다른 사도들에게 물어 이르되 형제들아 우리가 어찌할꼬 하거늘 베드로가 이르되 너희가 회개하여 각각 예수 그리스도의 이름으로 세례를 받고 죄 사함을 받으라 그리하면 성령의 선물을 받으리니

24. How to receive the baptism and fullness of the Holy Spirit, the anointing?

The Father's promise and Jesus' last testamentary command is to raise up Christians as witnesses, anointed by the baptism and fullness of the Holy Spirit. Only when I am anointed, can I experience the crucifixion of 2,000 years ago as my present event in my heart by the Holy Spirit who transcends time and space, so that I can be a witness to Christ's martyrdom as a king, prophet, and priest as a witness and boldly as a witness. Martyrdom is like waking up from sleep in the arms of the Lord. Martyrdom is the way to the Lord.

1) There must be repentance that beats one's heart and deeply realizes that it is the one who crucified Jesus and killed Him.

Acts 2:36-38 36 "Therefore let all Israel be assured of this: God has made this Jesus, whom you crucified, both Lord and Messiah." 37 When the people heard this, they were cut to the heart and said to Peter and the other apostles, "Brothers, what shall we do?" 38 Peter replied, "Repent and be baptized, every one of you, in the name of Jesus Christ for the forgiveness of your sins. And you will receive the gift of the Holy Spirit.

2) 간절히 사모함으로 날마다 모여 함께 기도해야 합니다.

사도행전 1:14 여자들과 예수의 어머니 마리아와 예수의 아우들과 더불어 마음을 같이하여 오로지 기도에 힘쓰더라

사도행전 2:1-2 오순절 날이 이미 이르매 그들이 다 같이 한 곳에 모였더니 홀연히 하늘로부터 급하고 강한 바람 같은 소리가 있어 그들이 앉은 온 집에 가득하며

사도행전 4:31 빌기를 다하매 모인 곳이 진동하더니 무리가 다 성령이 충만하여 담대히 하나님의 말씀을 전하니라

3) 성령 충만 받은 증인에게 안수를 받습니다.

사도행전 8:17 이에 두 사도가 그들에게 안수하매 성령을 받는지라

사도행전 9:17 아나니아가 떠나 그 집에 들어가서 그에게 안수하여 이르되 형제 사울아 주 곧 네가 오는 길에서 나타나셨던 예수께서 나를 보내어 너로 다시 보게 하시고 성령으로 충만하게 하신다 하니

2) We must gather together and pray together every day with earnest longing.

Acts 1:14 They all joined together constantly in prayer, along with the women and Mary the mother of Jesus, and with his brothers.

Acts 2:1-2 1 When the day of Pentecost came, they were all together in one place. 2 Suddenly a sound like the blowing of a violent wind came from heaven and filled the whole house where they were sitting.

Acts 4:31 After they prayed, the place where they were meeting was shaken. And they were all filled with the Holy Spirit and spoke the word of God boldly.

3) Be laid on by a Spirit—filled witness.

Acts 8:17 Then Peter and John placed their hands on them, and they received the Holy Spirit.

Acts 9:17 Then Ananias went to the house and entered it. Placing his hands on Saul, he said, "Brother Saul, the Lord-Jesus, who appeared to you on the road as you were coming here-has sent me so that you may see again and be filled with the Holy Spirit."

4) 사모함으로 증인의 말씀을 듣습니다.

사도행전 10:44-48 베드로가 이 말을 할 때에 성령이 말씀 듣는 모든 사람에게 내려오시니 베드로와 함께 온 할례 받은 신자들이 이방인들에게도 성령 부어 주심으로 말미암아 놀라니 이는 방언을 말하며 하나님 높임을 들음이라 이에 베드로가 이르되 이 사람들이 우리와 같이 성령을 받았으니 누가 능히 물로 세례 베풂을 금하리요 하고 명하여 예수 그리스도의 이름으로 세례를 베풀라 하니라 그들이 베드로에게 며칠 더 머물기를 청하니라

5) 증인이 말씀을 증거할 때 재충만을 받습니다.

사도행전 4:8 이에 베드로가 성령이 충만하여 이르되 백성의 관리들과 장로들아

사도행전 7:55 스데반이 성령 충만하여 하늘을 우러러 주목하여 하나님의 영광과 및 예수께서 하나님 우편에 서신 것을 보고

4) Listen to the witnesses with longing.

Acts 10:44–48 ⁴⁴ While Peter was still speaking these words, the Holy Spirit came on all who heard the message. ⁴⁵ The circumcised believers who had come with Peter were astonished that the gift of the Holy Spirit had been poured out even on Gentiles. ⁴⁶ For they heard them speaking in tongues and praising God. Then Peter said, ⁴⁷ "Surely no one can stand in the way of their being baptized with water. They have received the Holy Spirit just as we have." ⁴⁸ So he ordered that they be baptized in the name of Jesus Christ. Then they asked Peter to stay with them for a few days.

5) When a witness bears witness to the Word, he is refilled.

Acts 4:8 Then Peter, filled with the Holy Spirit, said to them: "Rulers and elders of the people!

Acts 7:55 But Stephen, full of the Holy Spirit, looked up to heaven and saw the glory of God, and Jesus standing at the right hand of God.

25. 4종류의 사람

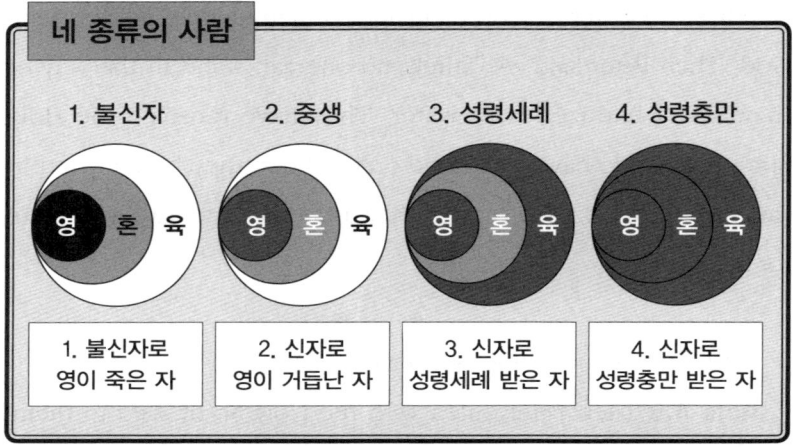

1) 불신자
2) 중생한 사람
3) 성령님의 세례를 받은 사람
4) 성령님의 충만을 받은 사람

나는 4종류의 사람 중 어디에 속해 있는지 자신이 잘 알 것입니다. 이제 자신을 알았다면 회개하여 예수님의 유언 명령인 성령님의 세례와 충만인 기름 부음을 받아 예수님의 증인이 되시기를 바랍니다.

25. Four Types of People

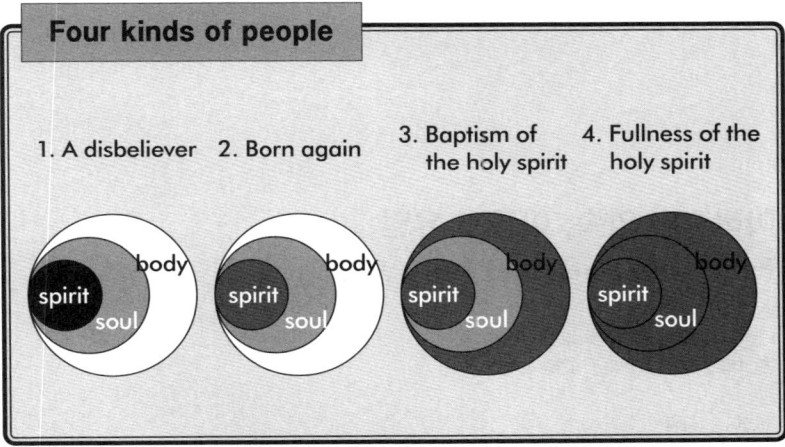

1) Unbelievers

2) The Regenerated Man

3) Those who have been baptized by the Holy Spirit

4) Those who are filled with the Holy Spirit

You know which of the four kinds of people you belong to. Now that you know yourself, I hope you will repent and receive the baptism and fullness of the Holy Spirit, which is Jesus' testamentary command, and be an anointing witness of Jesus.

아버지의 약속, 아들의 유언
Father's Promise and Son's Will

1판 1쇄 인쇄 _ 2024년 12월 24일
1판 1쇄 발행 _ 2024년 12월 31일

지은이 _ 김영관
펴낸이 _ 이형규
펴낸곳 _ 쿰란출판사

주소 _ 서울특별시 종로구 이화장길 6
편집부 _ 745-1007, 745-1301~2, 743-1300
영업부 _ 747-1004, FAX 745-8490
본사평생전화번호 _ 0502-756-1004
홈페이지 _ http://www.qumran.co.kr
E-mail _ qrbooks@daum.net | qrbooks@gmail.com
한글인터넷주소 _ 쿰란, 쿰란출판사
페이스북 _ www.facebook.com/qumranpeople
인스타그램 _ www.instagram.com/qrbooks
등록 _ 제1-670호(1988.2.27)
책임교열 _ 박은아·최찬미

ⓒ 김영관 2024 ISBN 979-11-94464-18-1 93230

책값은 뒤표지에 있습니다.
이 출판물은 저작권법에 의해 보호를 받는 저작물이므로 무단 복제할 수 없습니다.
파본(破本)은 구입처에서 교환해 드립니다.